AF356627

M. L'ABBÉ CHARLES MORANCÉ

AUMONIER

DU 33ᵉ MOBILES ET DU IVᵉ CORPS D'ARMÉE

CHEVALIER DE LA LÉGION D'HONNEUR.

M. L'ABBÉ CHARLES MORANCÉ

AUMONIER

Du 33e Mobiles et du IVe corps d'Armée

Chevalier de la Légion d'Honneur

PAR

L'Abbé Ern.-L. DUBOIS

VICAIRE A NOTRE-DAME DE LA COUTURE

LE MANS

IMPRIMERIE LEGUICHEUX ET Cie

15, Rue Marchande, 15

1889

AVANT-PROPOS

Les biographies, à notre époque, sont à l'ordre du jour.

Pourquoi en augmenter le nombre ?

Celle d'un Aumônier militaire en temps de guerre et en temps de paix, n'existait pas encore, on le disait naguère.

De plus, lorsque l'impiété et le vice trouvent chaque jour d'ardents panégyristes, il est bon de ne pas laisser dans le silence, la mémoire des hommes qui s sont distingués par leur piété et leurs œuvres.

« Neque alioquin pium, neque tutum est, cum impiorum hominum vita memoriæ pro-

vj

datur, eximios pietate viros silentio præmit-
tere. » (1).

C'est aussi le conseil de la Sainte Écriture :
« Ne perdez pas le souvenir du Sage. » *Ce
conseil semble devoir s'appliquer plus spécialement à la vie du prêtre. Cette vie n'appar-
tient-elle pas à tous ? Vivant, le prêtre se
dépense pour le salut des âmes ; mort, ses
vertus, ses exemples, ses œuvres, son enseignement appartiennent aux fidèles. Le prêtre doit
revivre ainsi dans la mémoire des chrétiens et
surtout dans le cœur de ceux qu'il a aimés,
introduits, guidés dans le chemin du bien.*

*Trop brève, sans doute, quant au temps par-
couru, mais longue par les divers évènements
qui l'ont marquée, féconde en œuvres, en
souvenirs édifiants, la carrière de l'Aumônier
du 33ᵉ Mobiles est de celles dont la mémoire
mérite d'être perpétuée.*

*Ses amis l'ont ainsi compris, et c'est pour
répondre au pieux désir de l'un d'eux, M. Charles Cosnard, que nous essaierons d'esquisser à*

<hr>

(1) Grég. Naz. Orat. XXI. 5. Ed. Migne T. I. p. 1087.

grands traits, la physionomie de l'abbé CHARLES MORANCÉ.

Parcourir la vie d'un prêtre, rappeler de quels actes elle a été remplie, c'est aussi glorifier Dieu, dans la personne d'un de ses serviteurs. A vrai dire, le prêtre selon le cœur de Dieu, est le même partout : vertu, dévouement, zèle, charité, tels sont les traits généraux qui le caractérisent. Aux circonstances de les mettre plus ou moins en relief. Ainsi le trait saillant qui, dans la sympathique figure de M. Morancé, domine et fait ressortir tous les autres, nous désigne l'Aumônier militaire.

« Il y a — disait naguère M. Roger de Beauvoir — des noms légendaires d'aumôniers » et il citait entre autres, le nom de M. Morancé, « l'aumônier type. »

Il existe, dans une belle vie, un attrait d'analyse auquel nous avons trop cédé peut-être, nous répétant parfois..., mais comment ne pas revenir avec complaisance sur tant de traits de bonté, de dévouement, de bravoure, pour essayer de les mettre dans le relief lumineux qui leur convient ?

Le plus souvent nous laissons à notre héros

viij

*le soin de dévoiler lui-même les richesses de
son cœur. Il s'est peint tout entier dans ses
livres :* Récits d'un Aumônier militaire, en temps
de guerre et en temps de paix, *nous n'aurons
donc qu'à copier, en y ajoutant ce qui, caché
par sa modestie, nous a été révélé par l'affection d'un frère et d'amis dévoués.*

*C'est à la pieuse mère de M. l'abbé Charles
Morancé, c'est à son frère, M. le Curé de Flée,
lui aussi aumônier du IV*e *corps* (1), *c'est à ses
proches, à ses nombreux amis et à ses chers
soldats que nous offrons cette biographie.
Elle est modeste comme l'humble prêtre dont
elle rappelle le souvenir. Puissent-ils cependant y trouver, en même temps qu'un sujet d'é-
dification, une consolation à leur douleur et un
adoucissement à l'amertume de leurs regrets.*

Le Mans, le 7 Février 1889, anniversaire de la mort de
M. l'abbé Charles Morancé.

(1) « Par décision ministérielle du 27 Mai 1886, M. l'abbé
Léon Morancé a été nommé — au même titre que son très-
regretté frère — aumônier du service des armées en campagne, pour être attaché, en cas de mobilisation, au quartier général du IV*e* corps d'armée. »

CHAPITRE PREMIER

1830. — NAISSANCE. — L'ÉGLISE ET LE PRESBYTÈRE DE SAINT-PAVIN-DES-CHAMPS. — LE COLLÈGE DU MANS. — LE PETIT-SÉMINAIRE. — LE GRAND-SÉMINAIRE. — CHARTRES. — LES CONFÉRENCES DE SAINT-VINCENT-DE-PAUL. — LE GRAND-SÉMINAIRE DU MANS. — LE SACERDOCE.

La Révolution de juillet avait pris fin et déjà se perdaient dans le lointain les derniers bruits de l'émeute qui avait amené l'exil de Charles X. On était au 25 août 1830. En la fête de saint Louis, *Charles-Louis* MORANCÉ naissait le même jour à la vie naturelle et à la vie de la grâce ; l'antique cloche de Saint-Pavin-des-Champs saluait de ses sons joyeux l'avènement d'un nouveau chrétien.

Quarante années plus tard, au jour anniversaire de cette double naissance, un prêtre viendra s'asseoir à l'ombre d'une caserne en construction, et là, en vue de l'église Saint-Pavin, il écrira ces lignes : « La vénérable église que j'aperçois à deux pas a une longue histoire dont je connais tous les détails. La première, pendant la Révolution, tandis que la terreur pesait encore sur la cité, elle s'ouvrit aux solennités du culte catholique ; et le peuple accourut avec bonheur au pied de son autel, au son de la cloche qui, depuis dix ans, n'avait obéi qu'au tocsin de l'émeute.

Dans son petit clocher en poivrière, qu'elle ébranle à l'aurore, à midi et au déclin du jour, elle a un charme tout particulier pour mon cœur. A pareil jour, en la fête de saint Louis, mon second patron, elle a sonné l'heure de mon baptême ».

La première préoccupation de la pieuse mère du jeune Charles fut de procurer à son cher enfant l'incomparable bienfait d'une éducation franchement chrétienne. La Providence lui vint en aide dans la personne du vénérable curé de Saint-Pavin-des-Champs, M. l'abbé Yvon (1). Le presbytère fut l'école où Charles

______

(1) Neveu et successeur de M. François-Xavier Yvon, confesseur de la foi, incarcéré dans les prisons du Mans le 17 août 1792, pour avoir refusé de prêter serment. — V. Dom Piolin, *Hist. de l'Église du Mans*, t. IX, 522-534.

Morancé vint dès lors chaque jour puiser les premiers éléments de la science et de la piété.

Attentif aux enseignements de son maître, Charles reçut avec bonheur ces premiers germes de foi et de savoir que le Saint-Esprit fit bientôt croître et fleurir dans son âme. L'appel de Dieu, qui déjà s'était fait entendre, devint plus pressant et plus fort au jour de sa première communion ; et le futur aumônier pourra redire plus tard : « Entre toutes nos communions, il en est une que nous préférons, une à laquelle nous pensons toujours, une qui est notre plus doux souvenir, c'est notre première communion. »

Bientôt les circonstances amenant la famille Morancé dans l'intérieur de la ville du Mans, le jeune Charles fut envoyé au collège de cette ville.

Le collège du Mans était alors à l'époque des plus beaux jours de sa chrétienne prospérité. Dans cet établissement, justement célèbre, où la science et la vertu, comme deux fleurs sur une même tige, fleurissaient alors à l'ombre de la religion, la discipline assurait une solide éducation en même temps qu'une instruction sérieuse. Des prêtres, non moins distingués par leur science que par leur piété,

savaient également former les cœurs et orner
l'esprit de leurs jeunes élèves. Charles Morancé sut s'assimiler l'esprit de ces excellentes
leçons. En 1844, M. l'abbé Bouvet (1), qui en
était principal, quittait le collège du Mans.
L'année suivante, Charles entrait au Petit-
Séminaire de Précigné.

Parmi des qualités qui distinguent ordinairement le bon élève d'un Petit-Séminaire, se faisait jour dans l'âme du jeune
Morancé, une sainte, une sublime passion :
la passion du dévouement. Aux cœurs généreux, il faut de l'activité, il faut un vaste
champ d'action. Volontiers, le jeune Charles
se serait appliqué ce mot de Virgile :

> .... Jam aliquid invadere magnum
> Mens agitat mihi.

Mais, s'il est vrai qu'on a les défauts de
ses qualités, c'est sans doute à cette générosité de cœur, à cette soif de dévouement qu'il
faut attribuer cette disposition d'esprit si bien
rendue par le poète : *Nec placida contenta
quiete est.*

Sera-ce encore à cette inclination naturelle,

(1) *Semaine du Fidèle,* IX. 708.

ou à la délicatesse de sa conscience, ou bien à des raisons de santé que nous devrons attribuer les hésitations qui vinrent alors marquer un temps d'arrêt dans la vocation de M. Morancé? Toujours est-il qu'entré au Grand-Séminaire du Mans, il en sortait peu de temps après et acceptait un emploi dans les Contributions indirectes. Ses fonctions le conduisirent à Chartres, où pendant plusieurs années, on le trouvera à la tête de toutes les œuvres de piété et de charité.

Impatients du joug, désireux d'essayer leur liberté dans l'inconnu de nouveaux horizons, nombre de jeunes gens se jettent dans le monde avec une ardeur exubérante qui laisse bien loin toute prudence.

Autres furent les sentiments du jeune Morancé. Avec l'enthousiasme du dévouement chrétien et le zèle entreprenant de son âge, il apporta dans le monde cette délicatesse de cœur, ce tact exquis qu'on lui connut toute sa vie. Il entrevit, sans y pénétrer lui-même, l'arène où les passions bouillonnent, où l'esprit du mal travaille dans l'ombre, et où les âmes sont exposées à des dangers perpétuels. Il apprit alors à connaître cette jeunesse qu'il devait tant aimer plus tard.

Exact dans l'accomplissement de ses devoirs, aimable et réservé à la fois, il attirait la bienveillance et le respect. Jamais les exigences du monde, ni les occupations de l'extérieur, ne lui firent oublier ce qu'il devait à Dieu Au milieu même de ses devoirs multiples, il trouvait le temps de s'adonner aux bonnes œuvres et d'excercer la charité. C'est en visitant l'ouvrier, en servant le pauvre qu'il apprit à les connaître. Son grand cœur, avide de vérité, sentit au contact de la souffrance et de la misère s'évanouir bien des préjugés.

C'était le temps où passait dans les esprits un souffle nouveau, « la foi reprenait son empire et son prestige. Les œuves de charité s'emparaient de cette jeunesse incandescente qui courait à l'adoration de Jésus-Hostie comme à la mansarde du pauvre sous la bannière de Saint-Vincent-de-Paul. »

Secrétaire des Conférences, à Chartres, M. Morancé y déploya tout son zèle. « Mais il y a mieux, disait-il, que pratiquer soi-même la piété et la charité, c'est d'amener les autres à cette pratique. » C'était le noble but que poursuivait le jeune secrétaire. Son dernier rapport du 30 Avril 1854 en fait foi.

Cependant l'épreuve mondaine avait affermi sa vocation, l'appel de Dieu se faisait entendre de nouveau à cette âme généreuse. Au mois d'Octobre 1854, Charles Morancé rentrait au Grand-Séminaire du Mans (1). Désormais, il appartiendra tout au Seigneur. Une pensée recueillie pendant sa première retraite sera le programme de sa vie. Dès lors, il travaillera à réaliser pour lui-même le vœu de l'apôtre exhortant les Colossiens à marcher dans le chemin de la perfection. « *Ut ambuletis digne, Deo per omnia placentes et in omni opere bono fructificantes, et crescentes in scientia Dei* (2).

D'un pas résolu, il franchit les divers degrés de la hiérarchie sacrée. Le 20 mars 1858, il est prêtre pour l'Éternité.

(1) M. Morancé apportait avec lui un précieux souvenir don de Mgr l'Évêque de Chartres : c'étaient quelques fils du voile de la **T. S.** Vierge. Sur la demande de M. l'Abbé Bruneau alors supérieur, M. Morancé se désaisit de cette précieuse relique en faveur du Séminaire du Mans, où on la vénère encore.

(2) Col. I. 10.

CHAPITRE II

Le dimanche de la Passion de l'année 1858,
l'abbé C. Morancé montait pour la première
fois à l'autel. Les émotions de cette grande
heure sont communes à toutes les âmes que
Dieu s'est choisies. Le jeune prêtre eut-il alors
le pressentiment que sa vie serait désormais
une passion ? Peut-être ; dans tous les cas l'o-
blation fut entière, complète.

D'abord professeur à la psallette de la
Cathédrale, puis successivement vicaire à
Château-du-Loir, (1er Juillet 1858), à Vaas,
(3 Janvier 1859), à Savigné–l'Évêque,
(1er Janvier 1860), il ne fait que passer dans
ces divers postes portant partout son zèle
ardent, son indulgente bonté. Aussi, laisse–

t–il après lui, avec l'édifiant souvenir de sa piété et de sa charité, des regrets sincères.

Les nombreuses relations qu'il avait conservées au pays chartrain décidèrent M. Morancé à répondre aux sollicitations de ses amis et au désir du vénérable Évêque de Chartres, Mgr Regnault, en acceptant un poste dans ce diocèse. On lui offrit un vicariat à la Cathédrale, il préféra une cure et fut nommé curé de Margon, près Nogent-le-Rotrou, le 1er Septembre 1860.

Ce serait le lieu de rappeler toutes les œuvres paroissiales qu'il créa ou auxquelles il prêta son concours ; il suffira de dire qu'il se livra tout entier aux inspirations de son dévouement et de son zèle. Peu à peu des fruits de grâce et de sanctification germèrent autour de lui. Il semait sans bruit et avec douceur dans les âmes.

Combien de traits touchants ne se rappelle-t-on pas ? Ici, il assiste une veuve et des orphelins; là, il nourrit pendant des mois une pauvre famille ; ici, par de pieuses industries il convertit des pécheurs endurcis; là, il sauve des situations périlleuses. Un jour des officiers d'état-major prennent séjour à Margon pour y dresser des plans. Par quelles circonstances furent-ils mis en relations avec le bon Curé? nous ne savons... toujours est-il qu'ils trouvèrent là leur chemin de Damas (1).

Ce fut le début de M. Morancé près des soldats... Et nous le verrons ainsi gagner à Dieu par la réserve et la sobriété de ses entretiens en matière religieuse, des hommes, des officiers plus touchés de la délicatesse de son silence qu'ils ne l'eussent été de la prédication la plus éloquente.

Aussi bien, le pieux curé se faisait tout à tous pour attirer les âmes à Jésus-Christ. Son tact, le charme de ses procédés, la générosité de son cœur, lui gagnaient l'estime, le respect, et presque toujours la sympathie et la confiance.

M. Morancé était curé de Margon depuis sept ans, lorsque sur le désir de Mgr Fillion, de douce et pieuse mémoire, il dût rentrer dans le diocèse du Mans. Le 23 Mai 1867, il était nommé curé de Villaines-la-Carelle. Les habitants de cette paroisse surent vite apprécier les qualités de leur pasteur. Quant à lui,

(1) Notes de plusieurs paroissiens de Margon communiquées par M. l'abbé Billaraud actuellement curé de cette paroisse.

il faisait tourner à la gloire de Dieu et au bien des âmes l'ascendant que lui gagnait son mérite. On le vit bien lorsque reprenant l'œuvre abandonnée par son prédécesseur, il réussit, à établir dans cette paroisse la fête de l'Adoration Perpétuelle. *(Sem. du Fidèle. T. VI. 333)*.

Transféré à la cure de Saint-Gervais–de–Vic le 31 Janvier 1869, M. Morancé apportait à ses nouveaux paroissiens « tout son cœur et tout son dévouement. » Là, comme à Margon, comme à Villaines, à côté des soucis de la vie paroissiale, et des déceptions qui parfois anéantissent les calculs du zèle sacerdotal, il y eut pour le cœur du prêtre des joies et des consolations.

Ce fut là que vint le trouver la nouvelle terrifiante qui si vite se répandit à travers les villes et les campagnes : La France avait déclaré la guerre à la Prusse.

Au 15 Juillet 1870, lors de la déclaration de guerre, l'armée française ne comptait que quarante-six aumôniers. Un seul prêtre pour douze mille hommes ne pouvait suffire. Le clergé n'hésita pas. De tous côtés les demandes affluèrent ; elles devinrent plus nombreuses encore à l'heure de nos désastres.

A certaines âmes généreuses qui n'ont d'autre passion que celle du sacrifice, il faut l'atmosphère du dévouement. Pressé par le triple amour de Dieu, des âmes et de la patrie, le prêtre catholique s'est levé. On l'a vu solliciter comme une faveur, l'autorisation de suivre le soldat sur le champ de bataille.

A la nouvelle de nos premiers revers, M. Morancé s'offrit immédiatement pour obtenir le poste d'aumônier. Malgré son empressement ses désirs ne purent être réalisés qu'au temps de la création de l'armée de la Loire.

Instituée par la loi de 1868, la *garde nationale mobile* n'avait pas reçu son organisation ; elle devint alors la *mobile*. La subdivision de la Sarthe devait faire partie du V⁰ corps. Ses chefs avaient été nommés par décret en date du 4 Août 1870 et le 12 un nouveau décret appelait à l'action les *mobiles* de la Sarthe. Le 7 octobre le régiment, commandé par le vicomte de la Touanne, partait du Mans, en marche sur Blois. Le même jour, M. l'abbé Ch. Morancé était officiellement nommé aumônier de ce régiment.

Les circonstances font les hommes, dit-on. Assez souvent du moins, elles révèlent en eux des aptitudes, des qualités et des vertus qu'on soupçonnait à peine. Aumônier militaire, M. Morancé avait trouvé sa voie. Tout, dans cette vie d'activité, de sacrifice, de changement même, répondait à ses vœux, à sa nature.

Et cependant il n'était pas sans se rappeler les cris injurieux, les outrages grossiers, les menaces sinistres qui accueillaient au début de nos malheurs les prêtres ou religieux qui traversaient les rues de nos cités. Lui-même, à Saint-Calais, avait été l'objet de ces injures de la part d'hommes avec lesquels il était désormais appelé à vivre. Il entrevoyait le sombre tableau des misères qui l'attendaient. Sa vie jusques là silencieuse et discrète, serait maintenant mêlée aux tumultes des camps ; il allait se trouver « au milieu des champs de carnage, entouré de morts et de mourants, dont les corps déchirés le feront tressaillir. La mort le menacera sans cesse, les obus, la mitraille pleuvront autour de lui. Pendant la confession dernière, il le sait, l'âme du confesseur a paru. parfois devant Dieu avant celle du mourant qu'il soutenait dans ses bras. » Rien ne saurait l'arrêter, sa détermination est prise ses vœux sont exaucés, il pourra dire : *impendam et superimpendar.* Tout pour Dieu et les âmes.

Il part rejoindre son régiment.

CHAPITRE III

LE MANS. — BLOIS. — VENDOME. — MARCHENOIR.
ÉCOMAN. — MORÉE.

Les communications difficiles, les chemins coupés ne permirent pas à l'aumônier du 33ᵉ d'arriver assez tôt pour partir en même temps que son régiment. Au matin du 7 octobre le colonel avait pris congé de Monseigneur l'Évêque du Mans, et le soir du même jour Sa Grandeur donnait à M. l'abbé Morancé sa mission, ses pouvoirs et tous les conseils que peut inspirer un cœur de Père.

Arrivé à Blois l'aumônier est reçu à la gare par le colonel de la Touanne et présenté le lendemain aux officiers : MM. de Musset, de Jumilhac, du Luart, de Chavagnac, de

Nicolaï, etc. Le Dimanche 8 octobre voyait ses premières armes.

Ne sachant combien de temps se prolongerait son séjour à Blois, M. Morancé demanda comme une faveur d'habiter l'hôpital général dont les trois bataillons connaissaient déjà le chemin. On le lui accorda. Il y demeura avec nos mobiles malades, essayant de calmer leurs souffrances en parlant du pays et en leur adressant des paroles d'encouragement.

Le premier accueil avait été froid, mais bientôt la glace était rompue, on s'habituait à la présenee du prêtre ; son séjour à l'hospice lui gagna de nombreuses sympathies et il écrivait à cette époque: « Nos pauvres mobiles ne sont plus comme à Saint-Calais fiers et insolents. La présence du danger, la maladie de leurs camarades, l'accueil glacial de ces pays-ci qui contraste avec la bienveillance des habitants de Saint-Calais, les ont adoucis. Blois est accablé de troupes depuis trois mois et plusieurs régiments ne s'y comportant pas très bien, ont lassé les habitants... Les pauvres enfants sont polis, m'accueillent bien, aiment à parler du pays ; ils paraissent heureux d'avoir un de leurs prêtres. Il faut beaucoup prier pour moi, mes très-chers, il y a un bien immense à faire, des dangers à courir. Demandez au Bon Dieu que mes intentions se purifient de plus en plus, pour que mon sacrifice soit complet, absolu, sans réserve : On ne peut faire du bien qu'à cette condition que tout soit bien pour lui. Je n'oublie pas Saint-Gervais (1)... »

Blois était encombré de soldats et les ambulances regorgeaient de malades. La guerre a bien des manières à elle d'exiger le sacrifice de la vie : elle a des supplices muets, des morts lentes et cachées, elle fait des victimes dont on ne parle pas. Combien pendant ces jours du 1er au 10 octobre croisant les deux mains sur leur cœur, réconciliés, en paix, ont offert à Dieu le sacrifice de leur vie en chargeant l'aumônier de touchantes commissions pour leur famille ».

On allait enfin quitter Blois.

Au matin du 10 octobre, par un beau soleil d'automne, le régiment, musique en tête, se mettait en marche vers Vendôme. « J'ai fait, écrivait le soir même l'abbé Morancé, de longues étapes à pied au milieu des pauvres enfants dont je partage les fatigues et les

______

(1) Blois, le 10 Octobre 1870. Lettre à sa famille.

dangers, afin de les mieux disposer... En acceptant le cheval qui m'a été offert, j'aurais paralysé mon ministère. A Vendôme nous avons reçu un accueil enthousiaste. Dans la Beauce orléanaise au contraire, la population terrifiée où ramolie, ne veut pas recevoir ceux qui viennent pour la sauver (1). »

Après avoir quitté Vendôme, et traversé le village de Coulommiers, le régiment fait halte. L'aumônier vient s'asseoir près d'un jeune mobile et lui frappant légèrement sur l'épaule : « — Mon ami, lui dit-il, votre fusil vous fait honneur ; mais vous voudriez, paraît-il, que sa première balle fut pour un prêtre ».
— On avait prévenu M. Morancé du propos tenu par ce soldat. — Vous ne pensez pas cela.. Il est trop tôt, vous seriez repris, on vous fusillerait peut-être à votre tour et ce serait grand dommage, un brave garçon comme vous. Si pourtant vous y tenez, voici le conseil que je vous donne, dans votre intérèt. Au premier jour de la bataille je serai à votre tête, en face de l'ennemi. Eh bien ! vous viserez sur moi, personne n'en saura rien. Prévenu, j'aurai fait un acte de contrition avant

(1) Vendôme 10 Octore 1870. Lettre à sa famille.

de m'y rendre. Et plus tard quand vous serez vieux, mon ami, ce sera pour vous une consolation de savoir que le prêtre que vous aurez tué vous aura pardonné avant de mourir. » Là-dessus le prêtre embrasse le soldat et s'éloigne rapidement. Le pauvre mobile sanglotait (1).

Mais était-il si coupable, ce jeune homme ? Sur un mot d'ordre parti des loges maçonniques, des hommes ennemis de Dieu comme de leur patrie, avaient pris à tâche de semer partout les plus odieux mensonges. « Jusqu'au fond des campagnes, ces fils de Voltaire étaient venus dire aux petits et aux simples que c'étaient leurs curés et les familles honorables, qui faisaient faire la guerre et envoyaient de l'argent aux ennemis de la France... L'armée n'était pas épargnée par ces semeurs d'ivraie qui voulaient élever un mur de haine entre le prêtre et le soldat, si bien faits pour se comprendre. Au camp, on eut bientôt fait justice de ces entreprises coupables. Sous la tente comme au feu, le soldat voit bien vite où sont ses amis. Il n'en

____

(1) *Récits d'un Aumônier militaire.* T. I, p. 35.

a pas de meilleurs que ceux qui partagent et lui font bénir sa destinée ».

Le régiment, divisé en quatre bataillons de chacun quinze cents hommes, se trouvait dispersé à d'assez longues distances. L'aumônier accompagnait le 4ᵉ bataillon, parce que là se trouvait le colonel et le docteur. Les rapports y étaient centralisés et l'on savait où étaient les malades et les blessés. Pour visiter cette grande paroisse mobile M. Morancé, ne recule devant aucune fatigue. « Il y a, écrit-il, un bien immense à faire... Je voudrais que vous vissiez ces pauvres mobiles autour de l'aumônier ; un père n'est pas accueilli plus affectueusement. Tous ces pauvres enfants sont admirables. On rit encore, mais on ne chante plus. Ils ne savent comment me remercier de les accompagner au feu. Je ne fais que mon devoir et je le fais avec plaisir (1). »

De retour à Blois, l'aumônier voit s'augmenter encore sa famille spirituelle. Monseigneur Pallu du Parc qui déjà l'avait accueilli avec une bienveillance toute paternelle, lui dit : « Le 72ᵉ mobiles (Loir-et-Cher) n'a pas

____

(1) Lettre à sa famille, 10 Août 1870.

d'aumônier, mais vous ne distinguerez pas entre les blouses blanches et les blouses bleues ».

M. Morancé et la 7e compagnie du 3e bataillon avaient reçu l'hospitalité au petit séminaire de Saint-François. « Pour l'aumônier qui vit au camp parmi tant de distractions ce fut une heureuse chance de se reposer quelques jours, dans cette digne maison. La conversation élevée des confrères charitables, pieux et instruits qu'il y rencontra, retrempa ses forces, fortifia son cœur pour les combats qui ne devaient pas se faire attendre ».

On était inpatient au 33e de se rencontrer avec l'ennemi. L'aumônier partageait le vœu de son régiment « Nous commençons à souhaiter l'entrevue avec MM. les Prussiens ; écrivait-il le 21 octobre, on s'ennuie de tout sur la terre, même d'être heureux…; mais puisqu'il faut combattre autant commencer tout de suite (1). »

Bientôt enfin sonnait l'heure du départ

De Blois à Pontijou, de Pontijou à Marchenoir le trajet fut triste, et ce fut sans chaus-

____

(1) Lettre à sa famille. Blois, 21 Octobre 1870.

sures que l'aumônier dut faire la dernière étape. « Marchenoir à tort ou à raison n'est pas resté dans le souvenir du 33ᵉ comme un séjour hospitalier. » Pour M. Morancé un souvenir du moins, demeurera cher à son cœur. Là en effet, il rencontrera pour la première fois le sous-lieutenant de la 6ᵉ du 3ᵉ bataillon. « Auprès des douleurs qui ont besoin d'être consolées l'on connaît bien les hommes. » Là le cœur se révèle et « c'est par le cœur que l'homme vaut. ».

Un fléau terrible, la variole, avait commencé ses ravages dans les campagnies. On était aux derniers jours d'octobre. L'abbé Morancé se sentit lui-même atteint. « J'allais payer cher mon tribut, dit-il, et sans rien avoir fait, au début, être obligé de me séparer de mon cher 33ᵉ. Cette crainte fut pour moi plus cruelle que la mort. » C'est bien là l'expression sincère des regrets d'un cœur généreux, jaloux de se donner. Vers la même époque il écrivait aux siens. « Vous savez tous combien je vous aime ; mon sacrifice est donc complet, sans réserve, » et malgré les souffrances et les privations de tout genre qu'il endure, il ajoutera. « Eh bien ! à part les désastres de notre pauvre patrie, les douleurs de la Sainte

Église, et du Saint-Père qui pèsent sur mon cœur, je ne crois pas avoir jamais été aussi heureux de ma vie. » (1).

Grâce aux soins empressés que lui prodigua M. le Curé de la Colombe, le mal fut vite dissipé, et, le 3 novembre, l'Aumônier rejoignait le 3ᵉ bataillon à Ecoman. Il en repartait pour conduire à Morée une voiture de malades.

Ce jour, l'Église faisait la fête de Saint Romain, neveu de Saint-Julien du Mans, un des patrons de Morée et dont le souvenir s'est conservé dans le Bas-Vendômois ! Saint Romain, dit la légende du Bréviaire, en passant dans un village appelé Morée, sur la rivière du Loir, avait ressuscité le fils d'un seigneur, et guéri beaucoup d'autres malades. Ce souvenir arrache au cœur de l'aumônier cette prière ardente : « Saint Romain, les enfants que je suis venu conduire ici, qui succombent sous toutes les fatigues, dans cette lutte inégale, héroïque, appartiennent à la France sans doute ! mais ne sont-ils pas plus particulièrement les fils de ce diocèse du Mans qui vous invoque en ce jour ? Dans ce même Morée où vous avez

____

(1) Lettre à sa famille, octobre 1870.

guéri les malades..., gardez-les, protégez-les, rendez-les à leurs familles et à notre pays ! Mais si l'un d'eux ne devait pas revenir, s'il faut qu'il meure ici, loin de ceux qu'il aime, de cette mort qui brise le cœur des mères, que sa dernière heure soit environnée de toute consolation !... » (1).

(1) *Récits d'un Aumônier*. T. I, p. 52.

CHAPITRE IV

LA BATAILLE DE COULMIERS.

« Le 33e fatigué de marcher jour et nuit depuis deux mois, sans user son chemin, vit luire avec plaisir le jour de la bataille ». Le 8 novembre le régiment se dirigeait par Binas, vers Ouzouër-le-Marché, au travers des blés, dans cette boue grasse de la Beauce, détrempée par la pluie, d'où les chaussures ne s'arrachaient qu'avec effort.

Les mobiles de la Sarthe prirent position à une petite distance du bois de Coulmiers, entre la ferme de Crottes et le hameau de Cheminiers (1). « Chacun comprenait que la journée serait solennelle. Les cœurs battaient partagés entre l'espoir et la crainte. »

Cette troupe née d'hier, à peine formée, ces jeunes mobiles, presque des enfants,

____

(1) *Histoire du* 33e, par M. de la Touanne.

« que dédaignaient les Prussiens, sans expé
rience du métier des armes, et qui succom-
baient à la fatigue, allaient jeter sur la
patrie en deuil un dernier rayon de gloire ».

« D'Aurelles de Paladines, ce vieux soldat
bruni par le soleil d'Afrique, modèle de l'ancien honneur français, commandait en chef ».
Il était neuf heures du matin, lorsque le premier obus prussien vint tomber au milieu du
33e. Après de longues heures passées sous les
coups des batteries de Coulmiers, ordre fut
donné au régiment de se reformer derrière le
hameau de Cheminiers. « Le mouvement se
fit avec un calme d'autant plus remarquable,
que le feu ennemi redoublait d'intensité.
C'est alors que M. de Lamandé fut tué et
M. de Chevreuse blessé. Ce fut le moment le
plus chaud de la journée. Enveloppé dans des
nuages de fumée on ne savait rien, on n'en-
tendait rien que les cris des blessés, on voyait
le sang dont le flot montait, sans pouvoir dire
à qui resterait l'avantage. On faisait son
devoir en aveugle, attendant avec une anxiété
fiévreuse le résultat du soir (1). »

La victoire était à la France.

____

(1) *Récits d'un Aumônier milit.* t. I, p. 64 et suiv.

« Ce fut une belle journée pour le colonel du 33ᵉ ». Les mobiles de la Sarthe excités noblement au devoir par leurs officiers, soutinrent le feu avec la contenance de vieilles troupes.

Le courage est contagieux comme la peur. Auprès de ceux qui avaient surmonté si vite la première impression de crainte, le prêtre n'aurait su faiblir.

On le vit alors sous les obus qui sillonnaient l'air, au milieu des sifflements des balles, en face des vomissements des canons et des mitrailleuses porter au soldat mourant, les derniers secours de la religion, les dernières consolations d'un cœur ami. La présence du danger avait réveillé la foi qui souvent sommeille au fond des âmes. « Car sans être fervent chaque jeune homme qui vient sous les drapeaux réserve dans son cœur un souvenir de son enfance chrétienne. Sa mémoire a retenu quelques prières, apprises autrefois sur les genoux de sa mère. Aucun ne tombe blessé sans crier : « Mon Dieu ». Et Dieu, dit l'Écriture, « qui entend la fleur s'ouvrir distingue au fond des bois le dernier souffle de l'oiseau, » distingue du fracas des batailles le dernier souffle du soldat.

Mortellement blessé, l'un de ces braves, confie à l'aumônier, ses dernières pensées, lorsqn'un obus tombe près d'eux et les couvre de boue : « Les gueux, s'écrie l'abbé Morancé, ne me laisseront-ils donc pas remplir en paix, les fonctions de mon ministère ? »

Ce ministère, l'aumônier ne l'exerçait pas seulement sur le champ de bataille, mais encore le long du chemin, en marchant ; et plusieurs se préparaient ainsi « sans circonvolutions ni détours ». Il lui arrivait de frapper sur l'épaule d'un officier en lui disant : « Mon ami d'où en sommes-nous avec le Père éternel ? Avons-nous pour saint Pierre le mot du ralliement ? — Mon aumônier c'est assez difficile... — Allons donc !... » Et c'était bientôt fait. A l'heure du combat, il en était de même, et au feu la foi soutenait le dévouement et le courage de ces soldats chrétiens.

Si pendant l'action, le ministère du prêtre est triste et pénible, il l'est plus encore peut-être après le combat. Même après une victoire, quel douloureux spectacle que celui d'un champ de bataille ! A travers les morts et les mourants l'aumônier recueille les dernières confidences de l'âme chrétienne, porte les premiers secours aux blessés, les dirige vers les ambulances ou les y conduit lui-même.

Lorsque tous les blessés du 33ᵉ furent à l'abri, l'abbé Morancé partit pour Epieds. D'autres âmes réclamaient son assistance. « Dans l'église, où M. le curé faisait l'impossible pour soulager tant d'infortunes et dans les églises des environs, froides et humides, de longues files de blessés étaient alignés, attendant là, sans se plaindre, leur tour d'être opérés; c'est-à-dire attendaient de nouvelles douleurs de la main charitable qui allait essayer de les soulager. Devant l'ennemi le courage de l'homme de cœur suffit; ici il faut la résignation des martyrs ». L'aumônier savait la leur inspirer.

Dans la journée du 9 novembre le 33ᵉ avait eu 44 hommes tués et 220 blessés.

Journée glorieuse pour l'histoire du Maine.

Les enfants du peuple s'étaient conduits en braves, et l'on vit à Coulmiers que la rouille n'avait pas dévoré l'antique devise : « *Noblesse oblige* ».

Le lendemain l'aumônier « le cœur gros » bénissait la tombe où la mort venait de coucher les défenseurs de la Patrie. « La religion qui les avait accompagnés, ne pouvait abandonner leur dépouille mortelle ».

CHAPITRE V

DU 10 NOVEMBRE AU 1er DÉCEMBRE. — BRICY.
SAINT-SIGISMOND.

Après toute une journée de marche, le 33^e
arrivait à Boulay où se fixait le 3e bataillon ;
le second occupait Bricy. L'accueil des habitants, que la victoire de Coulmiers avait
délivrés des Prussiens, fut cordial et empressé.
Sur le champ de bataille la bravoure est
nécessaire, « pendant plus de vingt jours, il
faudra ici une patience héroïque. Les souffrances qui attendent les hommes dépasseront
bientôt leurs forces. On ne connaît pas dans
notre pays de boues comparables à celles de
la Beauce, détrempées depuis des semaines
par la pluie ; et, pour rendre les tentes habi-
tables, la contrée ruinée par l'invasion ne
peut fournir assez de paille ». L'abbé Mo-

rancé put trouver cependant un abri chez un protestant.

Le dimanche 13 novembre l'aumônier se rendit à Boulay pour y dire la messe. « L'église était dans un état lamentable : le pied brutal du vainqueur avait tout renversé. Aidé par quelques hommes de toutes armes, M. Morancé put remettre un peu d'ordre et monter à l'autel ». A Boulay les nuits se passaient sous la tente ou dans une grange. Revenu à Bricy pour y demeurer jusqu'au départ, l'aumônier assis un jour à quelques cents mètres, sur les débris d'un mur en ruines, assistait de loin à la revue passée par l'amiral Jauréguiberry.

« L'amiral aimait visiblement le 33ᵉ et n'était pas fâché de lui adresser des encouragements. Il avait vu ces jeunes officiers, l'épée haute, obéis et suivis, sur les murs crénelés, enlever les retranchements et les barricades et renouveler, avec de jeunes conscrits, les traditions de la vieille bravoure française ».

La revue finie, l'amiral suivi de son escorte se dirige vers l'abbé Morancé et le félicite de son dévouement et de son courage. — « Le plus humble de mes confrères, répond l'aumônier, ferait à ma place autant que moi. Le désintéressement qui va jusqu'à l'abandon de la vie est le simple devoir de l'homme de cœur, à plus forte raison du prêtre ».

Quelques jours plus tard les deux bataillons quittaient Boulay et Bricy pour venir ensemble à Saint-Sigismond. « Le brave Monsieur » pour lequel l'aumônier avait reçu un billet de logement, lui fait « sur le seuil de sa porte, un beau et long discours sur les misères de la guerre et les inconvénients pour un ecclésiastique de vivre au milieu des camps et puis... refuse de le recevoir ».

L'Abbé Morancé rejoignit alors les officiers à l'auberge de l'*Espérance* où chacun s'ingénia pour lui trouver un petit coin. « C'est bien là à Saint-Sigismond que se sont formés les liens qui ont uni si étroitement depuis les officiers et les soldats des 2e et 3e bataillons .. La sympathie naît des rapports de l'âme. Là aussi se rencontrèrent et se joignirent les mains du prêtre et du soldat ».

Une boue dont celle de Boulay n'était qu'une préparation, boue délayée, haute d'un pied dans certains endroits et sans écoulement possible, devait être pour le régiment pendant cette longue étape, plus meurtrière que le plomb.

« Elle engendra bien des rhumes et les rhumes dégénéraient bien vite en pneumonies». Grâce à la générosité du sergent-major Habert qui lui «donna une paire de guêtres en cuir », M. Morancé n'eût pas trop à souffrir.

Du reste « au lieu que le bonheur isole, la vie de souffrance rapproche, rassemble, porte à s'entr'aider et à compter les uns sur les autres : surtout lorsqu'on ne peut prévoir quand finiront ces boues, ces marches, ces luttes sanglantes, ni ce qu'on fera le soir et les dangers du lendemain.

Aussi se resserraient chaque jour ces liens d'intimité, qui unissaient entre eux les officiers et l'aumônier du 33ᵉ. A l'*Espérance* on se réunissait pour la veillée. « Un soir, un officier, revenant d'un service accablant dans cette boue fangeuse de Saint-Sigismond, laisse échapper un juron en entrant : « Messieurs, reprit-il sur-le-champ, il faut avouer que ne je suis pas heureux dans mes expressions...! C'est mal à nous de jurer ainsi, devant M. l'aumônier surtout. Eh bien! il faut que cela finisse. Tout officier qui jurera donnera cinq francs d'amende pour les pauvres... Et chacun approuvait : « Messieurs, dit l'abbé Morancé, cinq francs, c'est cinq fois trop, les appointements de plusieurs y passe- raient, il ne resterait rien pour la *popote*, mettons vingt sous et tenons-y... — Un franc, ce n'est pas assez. .On jurerait pour le plaisir de faire l'aumône ».

Le prix après débat fut fixé à deux francs. Quelques jours plus tard, un capitaine abor- dant l'abbé Morancé : « Mon aumônier, dit-il, voilà trois francs, j'ai juré une fois et demie ».

Le samedi, l'aumônier venait prendre les instructions du général, avant de fixer avec son colonel l'heure de la messe militaire du lendemain.

Enhardi par la cordiale familiarité et le franc accueil du général Deplanque : « Mon général, lui dit l'abbé Morancé, en vous voyant si avancé sous la mitraille, j'ai eu le 9, une inquiétude à votre sujet.

— « Pourquoi donc, mon abbé ?

— « Je me demandais, si blessé, je pour- rais tirer de vous un bon acte de contrition. — « Ah ! je crois bien ! je sais encore l'*Ave Maria...* Il ne faudrait pas m'abandonner, je ne tiens pas à aller au Père Éternel les jam- bes en l'air ».

« Le lendemain, dimanche, — 20 novem- bre, — la messe eut un éclat inaccoutumé.

Dans la plaine, au nord du village, dans un vieux moulin à vent, en planches, à demi ruiné, au haut d'une longue échelle de meunier, l'autel fut dressé : L'autel, c'est-à-dire sur deux chaises, une caisse de biscuits recouverte d'un drap blanc. Un grand rideau rouge fixé par deux pointes, à deux mètres et demi de hauteur, sert de fond ».

« Sur le gradin un grand crucifix de bois et deux chandeliers forment tout l'ornement. C'était bien simple. Mais chacun avait l'âme émue ».

« L'heure était solennelle en effet ».

« Au loin, dans cette plaine qui fatigue les yeux, le canon gronde et la fumée s'élève des villages en feu ».

« Autour des bataillons formés en carré, des soldats de toutes armes, dont les régiments sont dispersés aux environs, se joignent à nous. Au centre, le drapeau, le colonel, les commandants (1) ».

A la fin de la messe, l'aumônier donne la bénédiction avec le grand crucifix. Les clairons sonnent la marche solennelle et la voix des commandants crie : — « Présentez armes !

____

(1) *Récits d'un Aumônier*, t. I. p. 98.

genoux terre ! ». Dans ces moments-là, c'est le cœur qui comprend. Il sent que la foi, source de consolations dans toutes les conditions humaines, est le meilleur stimulant du courage.

La foi fortifie le soldat, affermit son cœur et son bras pour l'heure du péril et des grands devoirs.

CHAPITRE VI

Le jeudi premier décembre le camp fut levé avant le jour, et les trois bataillons du régiment, réunis dans la plaine au nord de Saint-Sigismond, attendirent debout pendant de longues heures, l'ordre de marcher au feu.

« Les cœurs battaient dans toutes les poitrines. On allait enfin quitter ces boues où l'on souffrait toutes les rigueurs de l'hiver dans l'inaction et la maladie; on allait battre encore une fois les Prussiens et délivrer la capitale ! »

Les routes étaient encombrées par les voitures et les bestiaux de paysans ruinés, abandonnant leurs fermes. Saisis d'épouvante, ils fuyaient, poussant leur bétail devant eux.

Lorsque le 33ᵉ arriva à Guillonville, l'action était engagée depuis longtemps. Accompagner une batterie de 12, soutenir le 37ᵉ et, par son 2ᵉ bataillon, se relier aux troupes de la 1ʳᵉ brigade, qui se dirige sur Faverolles, ce fut sa mission. En une heure le régiment brûla 8,000 cartouches. Les Bavarois abandonnèrent la ferme de Chauvreux, et après une formidable résistance, évacuèrent Noneville, où deux bataillons des mobiles de la Sarthe vinrent s'établir.

En arrivant à Guillonville, M. Morancé avait préparé l'église pour y installer les blessés, mais aux premiers coups de fusils tirés par nos mobiles, il était accouru sur le champ de bataille. Pendant tout le temps que dura le combat on le vit, sans s'inquiéter des obus, des boulets, de la mitraille, ramasser les blessés, les aider à marcher, consoler les mourants et leur administrer les derniers sacrements. La nuit vint terminer la lutte. Quelle nuit! Du haut d'un ciel sans nuage, la lune éclaire l'immense plaine, et jette une complète lumière sur ces lieux désolés.

Les soldats peuvent prendre quelque repos, quant à l'aumônier, il n'abandonne pas le champ de bataille ; les blessés réclament ses soins. Il les charge sur des voitures et les dirige vers l'église. Ceux qui ne sont pas transportables demeurent exposés, pendant un temps considérable, à toutes les rigueurs d'un froid glacial. « Plusieurs couchés à terre, la tête appuyée sur le sac, ont ainsi attendu la fin de leurs souffrances avec plus de désir que de crainte !... »

Tout à coup deux balles viennent siffler à l'oreille de l'abbé Morancé. Il était seul, debout au milieu de quelques estropiés sans armes, se dirigeant vers l'ambulance. Il se retourne vivement, aperçoit un officier prussien et une demi-compagnie. Fuir eut été insensé, l'aumônier croise ses bras sur sa poitrine en serrant son crucifix. L'officier fit signe à l'un de ses hommes de baisser le canon de son fusil.

« Vous connaissez ma langue, sans doute, dit l'abbé Morancé à l'officier prussien, ne voyez vous pas à la forme de mes vêtements que je ne suis pas un combattant... Si vous voulez ma vie, vous pouvez bien la prendre, c'est facile.

— « Non, pasteur catholique, non, ami ». Et l'officier lui tendit la main.

— « Je vous crois bien élevé, Monsieur, reprit l'abbé Morancé, si nous pouvions nous rencontrer ailleurs que dans mon pays envahi, je ne vous refuserais pas. Mais ici, je ne puis donner à ces enfants qui souffrent, le spectacle d'un serrement de main, avec les auteurs de leurs blessures ».

Puis il reprit paisiblement, avec ses pauvres blessés, le chemin de Guillonville.

Depuis le seuil jusqu'au sanctuaire, l'église était remplie de blessés, entassés les uns sur les autres, dans une paille ruisselante de sang. Tous réclamaient à la fois l'assistance du prêtre. Près de l'autel de la sainte Vierge, un jeune soldat de ligne paraissait en proie à de vives souffrances.

— « Mon enfant, lui dit l'aumônier, vous souffrez beaucoup ?

— « Beaucoup, oui, mon père, mais pas trop, car j'expie.

— « Vous expiez, cher enfant ?...

— « Oui, mon père, les fautes de ma vie. Veuillez en recevoir l'aveu.

Après s'être confessé : « Maintenant mon père, dit-il, voici mes commissions :

« Prenez dans ma poche, ma montre, vous l'enverrez à mon frère, comme un dernier souvenir d'affection. Je m'appelle Jean Sarda, je suis de Loupiac, canton de Limoux, au département de l'Aude... Dans mon autre poche, une petite chaîne que vous donnerez à la sainte Vierge. Ecrivez bien au pays, mon père, que je meurs sur l'autel de la sainte Vierge, que j'ai appris à aimer dans mon enfance... que je meure calme, résigné... (une larme coula de ses yeux) et content ..! Vous avez intérêt, mon père, à le leur dire, car désormais ils uniront votre nom au mien dans leurs prières... Mais ne me laissez pas mourir sans revenir me bénir...! »

L'aumônier parcourut tous les bancs, cela demanda plusieurs heures, et lorsqu'il revint vers ce noble jeune homme, il put recueillir son dernier soupir.

Dans ces moments là, « le prêtre devient le frère aîné, le père. Les plaies, la paille sanglante, les horreurs de la mort n'inspirent plus ni répugnance, ni dégoût, ni frayeur. Dieu dit à ceux qu'il envoie : « Vous ferez du bien à tous... » Et il leur donne sa charité « *qui parfume le malheur* ».

Le lendemain bien des cadavres étaient entassés le long du mur de l'église. L'aumônier n'eut pas la consolation de leur donner la sépulture ; l'heure de la bataille allait de nouveau sonner.

Bien qu'extenué par la fatigue du combat

de la veille, le **33**ᵉ marche bravement au feu.

« Sur la plaine mollement recourbée, (écrit M. A. Boucher), qui s'étend entre Orgères, la ferme de Villerand et Loigny, les mobiles de la Sarthe sont en marche ; et bien qu'un feu violent d'artillerie les accable, ils n'ont pas bronché. L'amiral, que rien n'effraie, veut qu'ils aillent enlever une batterie postée entre la Maladrerie et Loigny. Tentative irréalisable en ce moment !

Cependant le régiment va droit où s'élève la blanche fumée des canons bavarois, et laisse sans s'émouvoir, les fuyards et les blessés traverser ses rangs.

Tenaces et vigoureux, les mobiles de la Sarthe s'avancent en ordre sous les obus ; ils ne sont plus qu'à une portée de mousqueterie ; leurs fusils se font entendre à leur tour et les Bavarois reculent. Pendant une heure, ils gagnent du terrain. A la fin M. de Tann appelle de nouveaux canons. Contraint de reculer, le 33ᵉ remonte au pas le terrain conquis tout à l'heure ; il se replie, les rangs formés comme à la manœuvre, dans un si bel ordre que l'admiration de l'amiral s'en émeut et pour ainsi dire s'en étonne... Les batteries bavaroises tirent avec fureur ; les hommes tombent, la terre se couvre de blessés ; mais le régiment tient ferme ; la masse reste compacte et docile à ses chefs. Pour tout dire, le 33ᵉ mobiles n'avait pas, en deux heures, reculé d'un kilomètre : son lieutenant-colonel avait le droit d'en d'être fier... (1) »,

Le 33ᵉ avait reçu de l'amiral l'ordre de continuer le combat et de garder Villepion.

M. de Charette accourt avec ses héroïques zouaves et en les lançant à la baïonnette sur l'ennemi : « Ne craignez rien sur votre gauche, leur dit-il, car là sont les mobiles de la Sarthe ».

Le combat dura jusqu'à minuit.

Les allemands demeurèrent vainqueurs.

Pendant cette rude journée, le régiment avait maintenu sa réputation ; mais il avait payé cher sa résistance. « Les deux journées du 1ᵉʳ et du 2 décembre avaient coûté au moins 300 hommes tués ou blessés ».

A Loigny, comme à Guillonville et à Marchenoir, M. Morancé n'avait pas quitté le champ de bataille, bravant le danger, étonnant les plus vaillants par son sang-froid,

____

(1) *Bataille de Loigny*, par A. Boucher, p. 47-48.

surprenant les plus robustes par sa persévérance, prodiguant à tous ses encouragements
et les consolations suprêmes. Aussi son nom
était cité des premiers à l'ordre du jour.

CHAPITRE VII

SAINT-PÉRAVY. — COULMIERS. — CRAVANT.
JOSNES. — LORGES.

Au lendemain de ces rudes et tristes journées, il fallut passer tout le jour debout, en
avant de Patay. Enfin, le soir du 3 décembre,
le régiment s'arrêtait à Saint-Peravy-la-
Colombe pour y passer la nuit.

L'aumônier, le commandant de Musset, le
capitaine Simonard, le lieutenant R. de N.
et plusieurs autres officiers, attardés et rete-
nus au devant du village, ne trouvèrent plus,
en y entrant, où se loger. Ils allèrent frapper
à la porte d'une maison d'assez belle appa-
rence, et ce fut le maître lui même, « vieillard fort respectable », qui vint ouvrir.

En sa qualité de chef et d'aîné, le commandant prit la parole, et demanda une petite place pour la nuit.

— « Messieurs, c'est impossible, ma maison est pleine comme un œuf...

— « Mais reprend le commandant, c'est la même chose partout, Monsieur, nous coucherons ici dans le corridor, s'il le faut; permettez seulement que nous fassions la soupe, car nous n'avons rien pris ce matin... »

« Le commandant, tout en argumentant, tenait les deux mains du digne homme et le poussait doucement à reculons, jusqu'à la cuisine. » Tous suivirent et bientôt chacun de se mettre en besogne, d'apprêter qui les carottes, qui le lard, etc... L'abbé Morancé taille le pain. Les voliges « du reposoir de la fabrique » entretiennent le feu, au grand désespoir du maître du logis. Le commandant trempe la soupe « et le repas du soir, où ne manquèrent ni l'appétit vengeur et accommodant, ni les joyeux à-propos, fut trouvé délicieux. »

Après le souper, une dizaine de bottes de paille d'avoine sont étendues dans la chambre, et chacun de s'inviter à dormir.

« Mais on avait compté sans les habitudes de la maison.

« Juste au moment où, sans souci du jour qui finit et du lendemain qui n'est pas encore, le sommeil arrivait, le maître du lieu ouvre la porte.

« Il avait oublié de monter son horloge, une vénérable aussi, qui exige plus de cérémonie que les simples horloges de notre connaissance. Une bougie à la main et dans l'autre la manivelle, il monte sur un tabouret et commence. Assurément il n'y avait rien de risible et la sagesse a bien raison de dire : « *Risum reputavit errorem* ». — Mais au grincement de l'opération un accès d'hilarité s'empare de la chambrée. Et le digne homme s'arrête, parle comme la raison même et montre l'inconvenance de traiter ainsi chez lui un vieillard. Mais le fou rire est impossible à réprimer. »

L'abbé Morancé veut l'assurer que ce n'est pas à son adresse.

— « Vous, Monsieur l'aumônier », répond-il vivement, « je ne suis pas fâché de profiter de l'occasion pour vous dire que je croyais que les anciens canons de l'Église gallicane ne permettaient pas aux ecclésiastiques de coucher avec des laïques.

— « Je le crois bien aussi », reprit l'abbé

Morancé, « mais dans notre pays les anciens canons de l'Église gallicane sont encloués depuis longtemps... »

Le bon Monsieur se retira.

Le lendemain était un dimanche, l'aumônier put célébrer la messe au milieu des soldats de toutes armes qui avaient passé la nuit dans l'église.

Dès l'aube le régiment se met en marche dans la direction d'Ormes. A ce moment un mobile du 75ᵉ, vint en courant remettre une épée à M. Morancé.

« M. l'aumônier, dit-il, mon lieutenant m'a recommandé en mourant de vous apporter son épée. Vous la remettrez à sa famille en lui annonçant sa mort, c'est son dernier souvenir d'affection. »

L'abbé Morancé prend l'épée encore teinte du sang de ce généreux soldat et à ceux de ses fils qui l'interrogent, il répond qu'il a la croix pour les bénir... ; l'épée pour les défendre.

Dans l'impossibilité de garder lui-même ce précieux dépôt, il le confie au sergent Barbe, et bien lui en prit. — Il fera remettre plus tard à M. Quentin, commissaire priseur à Blois, ce précieux souvenir d'un « fils qui a noblement payé sa dette à la patrie. » —

Une heure après, deux compagnies du 2ᵉ bataillon, avec quelques hommes du génie et un peu d'artillerie, reçoivent l'ordre de se fortifier dans une ferme et de s'y défendre énergiquement. L'abbé Morancé voulut rester auprès d'eux et partager leur destinée. « Pendant que le génie perçait ses meurtrières dans les portes et dans les murs », il examinait attentivement les lieux, afin de savoir sur quelles ressources il pouvait compter pour les blessés, s'il y avait de l'eau, de la paille, etc... lorsqu'il rencontra, « dans un coin, plusieurs pauvres soldats de la ligne, blessés assez grièvement la veille et qui attendaient un premier pansement. » Il les conduit à Gémigny, étant convenu que, si la ferme était entièrement barricadée à son retour, on descendrait une échelle pour le recevoir. Après une courte absence, il la trouve évacuée. Le général s'était aperçu que la position n'était pas tenable, et avait donné des ordres afin de ne pas sacrifier en pure perte, ce noyau de braves.

M. Morancé désappointé interroge la plaine, pour découvrir la direction prise par ses compagnies ; il fait quelques pas au hasard, lors-

que tout-à-coup il est cerné par les Prussiens,
entre le bois du Buisson et celui de Bucy.
Après quelques paroles échangées de part et
d'autre, l'officier prussien reprit vivement :
— « Vous parlez comme un homme qui
méprise *très* la vie.

« — Je ne méprise pas la vie », repartit
l'abbé Morancé, « Dieu me l'a donnée ; mais
je n'ai pas peur de la mort. A voir le sort que
vous nous préparez si vous êtes vainqueurs,
sans le sentiment du devoir et le désir de
secourir ceux qui souffrent, on aimerait
autant mourir. »

Digne et fière réponse !

Quelques heures plus tard, profitant d'un
moment où ses gardiens s'occupaient plus
d'un troupeau de bœufs égarés que de leur
prisonnier, l'abbé Morancé s'enfuit dans les
bois.

« La nuit était venue, et une nuit
splendide. Pas un nuage au ciel ; il faisait
clair comme en plein jour. »

Le cœur du bon aumônier battait bien fort.
Mais à la joie d'être échappé des mains de
l'ennemi succéda bientôt une vive inquiétude.
Quelle direction avait suivie son régiment ?
Il avait bien entendu dire que le chemin de

retraite était vers Coulmiers, mais de quel côté se trouvait Coulmiers ? Il avance doucement, prêtant l'oreille au moindre bruit, s'arrêtant à chaque sentier, interrogeant d'un regard les sombres allées du bois, craignant, à chaque détour, la rencontre d'un casque pointu et tout prêt à se jeter dans les broussailles. »

Tout-à coup des cris déchirants frappent ses oreilles. C'était une voix française.

« Oh ! je vous en prie, ne me tuez pas, criait-elle... je ne suis pas un prussien.

L'abbé Morancé aperçut alors un brigadier de chasseurs d'Afrique, pris de folie furieuse, frappant à coups de sabre un tout jeune soldat.

— « Monsieur, c'est un Prussien. »

Voyant à qui il avait à faire, et comprenant que le langage de la raison n'aurait aucun succès :

— « Mais, reprit-il, il vaut mieux le faire prisonnier, vous aurez la croix.

— « La Croix d'honneur ?

— « Mais oui, la Croix d'honneur. Prenez-lui le bras droit, tenons-le bien tous deux et afin qu'il ne nous échappe pas, donnez-moi votre sabre, je vais le porter.

Ils arrivèrent ainsi à Rozières où, par les

soins du maire, le malheureux insensé fût enfermé. Le mobile et l'aumônier reprirent ensemble le chemin de Coulmiers. Bientôt ils rencontrèrent des hommes du 75ᵉ. C'était le régiment du pauvre blessé. Le prêtre et le soldat se serrent la main et se séparent.

L'abbé Morancé suivait tout triste la route que les hommes du 75ᵉ lui avaient indiquée, lorsque la Providence eut pitié de lui en lui ménageant, après tant d'émotions, une heureuse rencontre.

Au détour d'un chemin, M. Matelin, attaché comme major au 17ᵉ corps et un officier partagèrent, avec l'aumônier du 33ᵉ, leurs provisions, lui donnèrent *une place à cheval* et le renseignèrent, avec précision, sur la route qu'avait suivie le 16ᵉ corps. Ils se séparèrent au campement du 17ᵉ.

A quelques pas de là, auprès d'un village abandonné, M. Morancé aperçoit autour d'un feu de bivouac un groupe de femmes et de voitures remplies de meubles. C'étaient des émigrants. Une toute jeune mère tenant un enfant enveloppé dans ses langes, s'avance vers lui.

— « Monsieur, dit-elle, vous êtes aumônier militaire et catholique ?

— « Oui, mon enfant, je suis prêtre catho
lique...

— « Ah ! Monsieur, je suis bien malheureuse. J'ai fui mon village, envahi, incendié...
Je suis mère depuis quelques jours, et mon
enfant n'est pas baptisé... Voulez-vous lui
donner le baptême ?

Après avoir cassé la glace d'une mare voisine, l'aumônier prend un peu d'eau dans le
creux de sa main et baptise l'enfant...

— « Merci, mon père »... lui dit la pauvre
mère, « mon enfant est baptisé, maintenant
nous pouvons mourir tous les deux... »

Arrivé à minuit à Coulmiers, l'abbé Morancé est reçu au presbytère. Il se jette tout
habillé sur un lit, mais malgré la fatigue et les
émotions le sommeil ne vint pas. Dès l'aube,
M. le Curé vint avertir son hôte qu'on annonçait l'armée prussienne à une faible distance
du village. Prendre à la hâte un verre de lait
froid et un morceau de pain fut l'affaire d'un
instant, et le voilà sur la route de Coulmiers
à Baccon.

« Mais quel spectacle dans la plaine !

« Partout des voitures renversées, des provisions de toute nature perdues, lorsque
plus loin nos soldats enduraient toutes les

privations... De longues files de traînards cherchent leurs compagnies... de pauvres blessés passent tristes et silencieux! »

Au pied d'une croix, avant d'arriver à Baccon, l'aumônier du 33ᵉ aperçoit un sous-officier de zouaves pontificaux, assis, sa tête dans ses deux mains.

— « Enfant, lui dit l'aumônier, en lui frappant sur l'épaule, vous paraissez accablé.

— « Oui, mon père, j'ai vu tomber les miens, je suis du bataillon de Charette et ils sont là bas fauchés par la mort...

— « Mon enfant, je vais à Josnes, au quartier général où j'apprendrai sûrement le chemin qu'a suivi mon régiment; faisons route ensemble...

— « Oui, père, quand je rencontre un aumônier, mon sac me paraît moins pesant.»

Arrivés à Ourcelles ils se séparent.

En passant par Cravant, l'abbé Morancé entre dans l'église. « Le Curé faisait son catéchisme comme en temps de paix. Tout autour dans le village, encombrement, confusion, bruit indescriptible. » Un officier d'intendance qui avait suivi l'aumônier à l'église, lui dit, en sortant : « — Est-ce la revanche que cet homme prépare...?

— Mon lieutenant, lui répondit M. Morancé, si votre parole n'est pas sérieuse, elle est plus profonde que vous ne pensez. Au catéchisme on apprend à croire, et la foi, base de notre espérance, est la source du plus pur patriotisme. Sans le catéchisme le péril social serait autrement redoutable... Ce prêtre enseignant paisiblement ses petits enfants, au jour et à l'heure marqués, lorsque tout tremble autour de lui, me paraît bien fort .. »

Cet officier lui apprend que l'état-major du 16ᵉ est à Josnes. En y arrivant, l'aumônier du 33ᵉ assuré que son régiment est à Lorges et doit y rester le lendemain, accepte l'hospitalité que lui offre M. le Curé. Le lendemain, il dit la messe dans la belle église de Josnes et rejoint ensuite son 33ᵉ à Lorges.

« Ce qu'on éprouve quand on se revoit ainsi ne s'exprime pas bien, et de bonnes poignées de main reposent de bien des fatigues. »

Il lui fallut raconter, à chaque compagnie son histoire de quarante-huit heures, après quoi, le soir étant venu, chacun pense au repos.

On avait compté sans l'imprévu : Les clairons sonnent, et il faut se mettre en marche. Une circonstance particulière vint rendre ce départ plus pénible pour l'abbé Morancé. Son jeune frère, engagé aux zouaves pontificaux, de grand-garde à ce moment sur le bord de la forêt de Saint-Laurent-des-Bois lui faisait dire qu'il avait un pressant besoin de le voir. Le régiment se mettait en marche. Dieu voulait imposer aux deux frères un nouveau sacrifice.

CHAPITRE VIII

Il était nuit lorsque le régiment arriva à Villorceau. Il trouva là des granges spacieuses, de bonne paille et un sommeil réparateur.

Le commandant de Musset succède à M. de Lentillac qui, après la blessure du colonel de la Touanne, avait reçu le commandement des trois bataillons du 33ᵉ.

Un service funèbre pour les soldats français morts depuis la guerre, avait été annoncé dans cette paroisse, pour le mercredi 7 décembre. Sur l'invitation de M. le Curé, l'abbé Morancé célébra la messe à laquelle se rendirent beaucoup d'officiers et de soldats de toutes armes.

Après le déjeûner, le 33e marchait de nouveau à l'ennemi sous la conduite du général Deplanque.

« L'heure était venue des nouvelles douleurs. » Mais les mobiles de la Sarthe sauront montrer au pays des prodiges de bravoure et de générosité, capables de consoler sa fierté dans la défaite ».

A Messas, où il appuie la colonne de Tours, le 33e assiste à un violent combat d'artillerie, sans perdre beaucoup de monde. Le soir, il fallut se replier vers Villorceau. Le lendemain, le combat s'engage à Cravant, puis vers midi les obus commencent à tomber sur Villorceau. Pendant trois heures, ces hommes soutiennent seuls les efforts de l'ennemi. Les cartouches s'épuisent, il faut en finir. Le capitaine Couturié saisit le drapeau du régiment, s'élance à travers les vignes, suivi de sa compagnie; ils enlèvent la ferme du Mée et font prisonniers les 97 Bavarois qui s'y sont embusqués.

« Malgré ce brillant fait d'armes, la position était intenable... Villorceau était en flammes. » Plusieurs heures durant, dans cette atmosphère de feu et de mitraille, le prêtre des soldats court de l'un à l'autre, pansant celui-ci, confessant celui-là, priant pour tous et se dévouant pour le salut des âmes de ses fils chéris.

Mer était le point de ralliement. Ils s'y trouvèrent cinq cents. Quelques jours plus tard, les compagnies égarées étaient ralliées, et le 33ᵉ comptait encore environ 800 hommes. Le 12 décembre, il était à Pontijoux, formant l'arrière-garde dans la marche sur Bois-la-Barbe. Puis il faut reculer, reculer encore. Après quatorze jours de combat sans repos ni trève, trois bataillons viennent se réunir près du Mans, au moulin du Gué-de-Maulny. L'aumônier repartait de là pour rejoindre, au-delà de Vendôme, ceux qui y étaient restés.

« Le dégel avait tout d'un coup succédé au froid rigoureux des premiers jours de décembre, et les hommes qui marchaient et couchaient dans la boue eurent beaucoup à souffrir. » Dans ces boues dégelées, où ils enfonçaient profondément, plusieurs tombèrent et moururent en marchant près de leurs camarades.

« On se fait au feu, aux obus, aux balles, c'est l'affaire de quelques instants ; mais voir mourir de misère et de fatigue, on ne s'y accoutume pas. Et pourtant les camarades disaient en les voyant tomber : « Encore un qui est tiré de peine. »

Sachant où campaient les compagnies, l'abbé Morancé revint à Vendôme attendre là, au milieu des blessés et des malades, l'heure de l'action.

La tâche de l'aumônier, en temps de guerre surtout, ne consiste pas seulement à administrer les sacrements ; il lui faut aussi relever le moral des découragés, soutenir la résignation de ceux qui attendent la guérison ou la mort. C'est à lui encore que le plus souvent reviendra la mission de donner aux familles, aux amis, des nouvelles du convalescent, d'annoncer aux pères les morts soudaines et de se faire parfois le secrétaire du moribond.

Dans une des salles de l'ambulance organisée à l'hôtel de Mme la comtesse de Sarrazin, à Vendôme, un pauvre soldat fait appeler M. Morancé au milieu de la nuit.

— « Mon cher enfant, lui dit l'aumônier, vous m'avez appelé près de vous, vous avez peut-être oublié quelque chose dans votre confession d'hier soir.

— « Oh ! non, Monsieur, je vous ai bien tout dit, mais je sens que je meurs... Je vous demande un grand service. Veuillez écrire à Paris, rue..., numéro..., Mme... Nous ne sommes pas mariés, Monsieur. Ah ! si Paris n'était pas assiégé, vous la feriez venir et vous nous béniriez sur mon lit de mort .. mais écrivez-lui que je meurs dans la grâce du bon Dieu... Que le vœu sacré d'un mourant est de la conjurer d'élever chrétiennement nos enfants... »

Elevé chrétiennement par une pieuse mère, ce pauvre soldat n'avait jamais manqué à la promesse de réciter chaque soir une petite prière à la sainte Vierge.

Après bien des recherches, l'aumônier pourra remplir le dernier vœu du moribond.

Que de fois, dans ces salles d'ambulances imprégnées d'une âcre vapeur de sang, sur ces planchers couverts de paille et de matelas ensanglantés, le prêtre s'est agenouillé pour bénir un mourant, réconforter un blessé. Que de désespérés auxquels il a rendu l'espérance, car souvent ce n'est pas à leurs plaies qu'ils pensent davantage, c'est à leur famille, à leur mère et à Dieu.

Cependant, la retraite continuait de s'opérer sur Le Mans. Le régiment vint prendre position en avant de cette ville, « dans le

Chemin-aux-Bœufs, entre les routes de Ruaudin et de Parigné, depuis celle-ci jusqu'à
moitié de la route du Mans à Changé ».

CHAPITRE IX

CHEMIN-AUX-BŒUFS. — CHANGÉ. — LES ARCHES.
L'ÉPAU. — LE TERTRE-ROUGE.

La victoire semblait avoir abandonné le
drapeau français, et cependant, malgré la
tristesse qui envahissait les âmes, le courage
persistait et l'espoir même ranimait parfois
les cœurs.

On était devant Le Mans.

Le froid reprenait avec intensité.

« Noël vint comme d'habitude, mais dans
des circonstances on ne peut plus dures. La
souffrance, endurée en commun, est un lien
bien fort entre les hommes, et Dieu a voulu
que le cœur de l'homme ne pût devenir grand
qu'à la condition de souffrir. »

Mais au milieu des souffrances aussi nombreuses que variées, l'aumônier du 33ᵉ dut

trouver une grande consolation à célébrer les saints mystères, en cette fête de Noël, au milieu de son régiment. « Une famille de Pontlieue envoie le charpentier dresser l'autel, dans une éclaircie de sapinière, sur la bruyère couverte de neige. Tous ceux qui en ont été témoins n'oublieront jamais cette messe en plein vent, sous quatorze degrés de froid, dans la section du Chemin-aux-Bœufs, qui relie les routes de Parigné et de Ruaudin.

« A un feu de bivouac, à droite de l'autel, un soldat chauffait les linges, dont le prêtre entourait le calice, et les doigts de l'abbé Morancé étaient tellement engourdis par le froid que M. Ernest Vétillart tournait lui-même les feuillets du missel.

« La plupart de MM. les officiers des 2e et 3e bataillons, debout et le dos appuyé contre les sapins, entendirent cette messe. Dans ces lieux, à pareil jour, après tant de vicissitudes, elle avait un sens profond, et la grandeur de l'acte était comprise. »

L'année nouvelle recommença au milieu des mêmes misères et des mêmes inquiétudes. La température, malgré les gourbis, était devenue intolérable, et le général avait donné l'ordre de cantonner les hommes. L'aumô-

nier put se reposer pendant trois jours au presbytère de Changé. Le 9 au matin, il se préparait à célébrer la sainte messe lorsqu'on l'envoie prévenir que le régiment avait reçu l'ordre du départ. Il sera quatorze jours sans pouvoir monter à l'autel. Le temps était venu de malheurs et de souffrances, tels qu'il n'en avait pas encore rencontrés.

Réduit à 1.800 hommes, après en avoir compté au début 3.600, le 33ᵉ dut être réorganisé. Au soir du 10 janvier, il prenait part à l'action chaudement engagée en avant de Changé et soutenait, pendant de longues heures, les efforts du 37ᵉ.

La retraite s'effectua sur le château des Arches. L'abbé Morancé fait installer dans les appartements du rez-de-chaussée les blessés qu'il avait pu recueillir, puis faisant coudre une croix rouge sur une serviette, il attache au toit, ce drapeau d'ambulance, espérant ainsi protéger les souffrances et la mort de ces braves. Précaution qui devait être inutile.

Après le souper, le général Ribell prie l'aumônier du 33ᵉ de l'accompagner dans une des salles du château . « Monsieur l'aumônier, dit-il, c'est mon début sur terre... et je commence par la perte de Changé !... Je suis ici, sans ordre, sans renseignements depuis deux jours... En recevant un commandement dans l'Ouest qui m'est inconnu, j'ai demandé des cartes et il n'y en a pas... Je suis fixé !... Vous êtes du pays, vous ne me quitterez pas... Désignez-moi un officier de votre régiment dans lequel je puisse me fier pleinement. » M. Morancé s'offrit lui-même. Le général refusa. Le lieutenant Avice fut alors chargé d'aller au Mans porter une dépêche au général Chanzy. En deux heures il accomplit sa mission « qui n'était pas sans danger ».

« La position de la brigade aux alentours des Arches n'était plus tenable. Vers minuit, le général fait donner tout bas aux compagnies l'ordre de partir. On leur recommande de ne faire aucun bruit. Défense même est faite d'allumer des cigarettes. » Le défilé, au bord de la rivière, dans les sentiers des pêcheurs, fut long et silencieux. Arrivées au chemin qui va de Noyers au Mans par l'Épau, les compagnies se reformèrent. Là, un capitaine, s'approchant de l'abbé Morancé, lui dit bas à l'oreille : « Si les moines de l'Épau avaient continué à chanter *Matines*, nous n'en serions peut-être pas où nous en sommes. »

L'arrêt se fit au Tertre de Changé. Là, des fossés et retranchements avaient été creusés par le génie, à droite de la route du Mans à Changé. L'aumônier du 33ᵉ y resta avec ses mobiles. « Ce que les hommes, dit-il, ont eu à souffrir, douze heures durant, assis ou à genoux dans la neige, en silence, le fusil braqué, malgré le froid, la fatigue et la faim, le long de ces haies percées de meurtrières, ne peut s'exprimer. Défense encore avait été réitérée d'allumer aucun feu, une cigarette même, l'ennemi est à deux pas, et il ne faut pas se compromettre en des luttes prématurées (1). » Un peu avant midi, ils furent relevés, et le jeune lieutenant qui établissait ses hommes dans le fossé, dit en souriant à M. Morancé : — « Fait-il bon ici, Monsieur l'aumônier? » — « Mon lieutenant, lorsque vous y aurez vécu douze heures, vous en saurez quelque chose... »

Au matin du mercredi 11 janvier, le 33ᵉ venait reprendre ses anciennes positions sur le chemin aux Bœufs. Il y demeura toute la journée, sac au dos. Sur sa gauche la lutte

______

(1) *Récits d'un aumônier*, t. I, p. 197.

était acharnée. A droite, l'engagement semblait moins violent, lorsque tout à coup, par une surprise inattendue, l'ennemi s'empara de la position du Tertre-Rouge.

L'issue de la bataille du Mans se décidait.

L'ennemi commandait la ville, et la retraite devenait d'une difficulté inouïe. Un instant, le général en chef, prévenu de ce grave événement, eut la pensée de tenter un suprême effort. Trois colonnes devaient enlever le Tertre à la baïonnette, l'une venait de Pontlieue, l'autre d'Arnage, et enfin le 33ᵉ déboucherait par le chemin aux Bœufs. Pendant une heure, les mobiles de la Sarthe, formés en colonne par demi-section, la baïonnette au bout du canon, attendent le signal de l'engagement. Combien, pendant ces heures de pénible expectative, vinrent trouver l'aumônier pour recevoir de lui le pardon, qui fait la conscience tranquille et donne le courage de mourir en chrétien et en héros.

La tentative n'eut pas lieu, mais toute la nuit il fallut rester sous les armes. Epuisés de lassitude et de faim, plusieurs tombaient sur la neige. A chaque instant, les grand' gardes étaient attaquées, une partie même de la 2ᵉ compagnie du 3ᵉ bataillon fut enlevée.

Lorsqu'au lendemain de cette triste journée le jour parut, un effrayant spectacle s'offrit à tous les regards. Ce n'était que fuyards. Bientôt les batteries ennemies prennent le régiment d'écharpe et lui font subir de nombreuses pertes. A dix heures et demie, le commandant de Lantillac se décide à donner l'ordre du départ.

Déployés en tirailleurs pour mieux couvrir leur retraite, les mobiles de la Sarthe durent essuyer encore longtemps le feu violent de l'ennemi. Beaucoup tombèrent. Leur aumônier aurait voulu demeurer près d'eux, les emmener du moins avec leurs frères, son cœur saignait à la pensée de les abandonner aux mains de l'ennemi. Force en était cependant.

La bataille du Mans était perdue. Les prussiens entraient dans la ville.

CHAPITRE X

PONTLIEUE. — LE MANS. — SAINT-JEAN-SUR-
ERVE. — LAVAL.

« Le 12 janvier, dès le matin, l'encombrement était complet sur toutes les routes qui
conduisent au grand carrefour de Pontlieue. »
Le 33ᵉ y arrivait vers onze heures. Impossible de songer à traverser le pont neuf. Le
capitaine Vétillart, à peine remis de sa blessure et accouru depuis quelques jours à la
tête de sa compagnie, conduisit ses hommes
par le vieux pont et les moulins. Entré en
ville, le régiment se reforme par compagnies
sur la place de l'Éperon.

Par toutes les rues, un flot humain débor-
dait pêle-mêle. Voitures, bestiaux, cavalerie,
fantassins, convois d'artillerie se mêlaient
dans un désarroi inexprimable. C'était la
débâcle.

Au milieu de ces épaves humaines, à l'entrée d'un carrefour, l'abbé Morancé aperçoit sa mère dont les yeux le cherchaient. Elle le conjure avec larmes d'arrêter là sa course. — « Mon fils, je t'en prie..., tu vois que c'est bien fini !... Reste pour l'amour de Dieu! » Il lui fallut s'arracher de ses bras. « Il eut été fier d'accompagner ces jeunes gens vainqueurs ; vaincus et malheureux, il devait partager leur destinée... »

La retraite s'effectua sur Laval. La halte se fit à Chauffour. Réfugié dans la sacristie de l'église, l'aumônier des mobiles de la Sarthe y passa la nuit sans pouvoir reposer « sous un grand tapis qui semblait bien lourd, mais n'était pas très chaud »

Les étapes de Chauffour à Joué-en-Charnie, à Loué, à Saint-Denis-d'Orques, furent longues et pénibles. La neige couvrait la terre. Sur la route, nos malheureux soldats tombaient de misère et de froid. L'abbé Morancé les faisait déposer dans le fossé, à l'abri des chevaux et des voitures, après leur avoir donné les dernières prières et fermé les yeux, laissant à ceux qui suivaient le soin de les inhumer.

A travers les longs défilés de la forêt de

la Charnie, on appelait à chaque moment l'aumônier. C'étaient ses enfants qui tombaient de fatigue et de sommeil au bord du chemin. D'autres, incapables de continuer la marche, se couchaient le long des haies, la tête appuyée sur leurs sacs, et le cœur plein d'amertume. Quelle immense douleur pour le prêtre « d'abandonner ainsi sans pouvoir leur porter aucun secours, ces jeunes gens qu'on avait vus si braves, si bons, si résignés! »

Le combat qu'il avait fallu éviter à Loué, il devenait nécessaire de l'accepter à Saint-Jean-sur-Erve. Le 33ᵉ entrait dans le bourg le dimanche matin, à dix heures. L'abbé Morancé put entendre à la hâte une messe basse et rejoignit son régiment qui, pendant ce temps, avait pris ses positions. L'affaire s'engagea très chaudement, et depuis onze heures jusqu'à la nuit l'action fut très vive. Grâce surtout aux accidents de terrain, l'aumônier n'eut à assister qu'un petit nombre de victimes. Vers la fin du combat, il était occupé à panser un artilleur dont le pied était broyé par un éclat de mitraille, lorsque tout à coup, dans ce même champ, un obus vint emporter la tête du cheval de l'amiral et faire au colonel Béraud, son chef d'état-major, une horrible blessure. Un brancard est organisé pour transporter le blessé à l'ambulance établie dans une ferme, sur la route de Laval. Il mourut en chemin, et l'aumônier eut à peine le temps de lui dire : « Mon colonel, vous avez été brave devant les hommes..., soyez plein de confiance maintenant devant Dieu... Je vous apporte les consolations de la dernière heure.» L'abbé Morancé s'empressait de revenir sur le champ de bataille, lorsqu'il fut arrêté par un colonel lui annonçant que l'ennemi en était maître...

La nuit était venue et il fallait marcher encore... Devant l'église de Vaiges, l'aumônier rencontre un ecclésiastique auquel il demande un morceau de pain. Ce prêtre eût voulu conduire M. Morancé au presbytère, mais voyant qu'il était exténué de fatigue, il le fit entrer sur la place, dans un magasin où deux dames lui donnèrent le pain de la charité. En ce moment passait au galop le dernier train d'artillerie. L'officier qui le conduisait offrit à l'aumônier de monter à cheval. Assis sur un caisson, M. Morancé put ainsi franchir, sans trop de fatigue, la distance qui sépare Vaiges de Sougé-le-Bruant où devait bivouaquer la plus grande partie de son régiment. Il fallait aller plus loin, mais les forces devaient trahir son courage.

Il était une heure du matin. La route était gelée et le verglas empêchait de se tenir debout. Arrivé en face du chemin qui conduit au village de Bonchamps, l'abbé Morancé s'assit sur une borne, incapable de faire un pas de plus. Un instant il put craindre d'aller rejoindre les pauvres camarades qu'il avait vu mourir de froid et de fatigue les jours précédents. « Le moral a beau faire, il arrive une limite que les forces ne veulent plus *franchir*. » Les peines du cœur s'ajoutaient aux douleurs physiques. Plusieurs heures se passèrent, pendant lesquelles le courageux aumônier, repassant dans sa mémoire les émotions des derniers jours, offrit à Dieu le sacrifice d'une vie tout entière dépensée à son service. Des passants charitables lui prêtèrent secours et l'aidèrent à gagner le bourg. Il trouva chez M. le curé de Bonchamps hospitalité et soins charitables.

Dès le lendemain il fallut se remettre en marche. Le 16 janvier, le régiment arrive en vue de Laval, espérant pouvoir prendre quelque repos.

Le désespoir s'emparait des cœurs. Pendant cette effroyable retraite, poursuivi sans relâche par un ennemi supérieur en nombre, il avait fallu se battre sans cesse, coucher sur les routes, marcher jour et nuit sans repos depuis le 8 janvier : « Toutes les souffrances possibles, le 33ᵉ les avait supportées. Cette marche si pénible, qu'il n'en est peut-être pas d'autre exemple, lui avait coûté 400 hommes tués, blessés, pris ou morts de fatigue et de froid pendant ces huit longs jours. »

« A Laval, les rues sont pleines d'hommes, d'armes, de chevaux ; mais il n'y a plus de soldats. Tout le monde est accablé, rendu. On amène chaque jour, entassés sur des charrettes, aux ambulances qui ne les rendront plus, une masse effroyable de malades. Après avoir traversé tout Laval, le régiment fut cantonné à Grenoux. Il y serait volontiers demeuré dans les fermes et les granges spacieuses et garnies de paille, lorsque dès le 19, ordre arrivait de revenir en avant de la ville, au village de Chambaud, dans la direction de Louverné. Grâce à un sous-officier de Sillé-le-Guillaume, dont la tante était supérieure de l'établissement, l'abbé Morancé reçut l'hospitalité chez les religieuses du pensionnat

Sainte-Marie, à Laval. Le secours providentiel et tout à fait inespéré qu'il trouva dans cette digne maison, retrempa ses forces et le remit en mesure d'aller jusqu'au bout.

Une douloureuse épreuve lui était ménagée. De la place du Palais, l'aumônier venait chaque jour à Chambaud. Le samedi 21 janvier, on lui apprend que Pierre et Alexandre X***, frères et tous deux mobiles de la même compagnie au 1er bataillon de La Flèche, avaient été arrêtés auprès de Saint-Jean-sur-Erve, parmi les déserteurs. Sans perdre un instant, M. Morancé se rend à la ferme du Pressoir, où la cour martiale devait siéger dans la soirée. Dans un coin de la grande salle du rez-de-chaussée, les deux pauvres soldats étaient enchaînés, les menottes aux mains, entre deux gendarmes. En passant auprès des accusés, l'aumônier put leur dire bien bas : « Soyez calmes..., répondez poliment... et dites que vous aviez l'intention de revenir. » Ils ne l'entendirent pas, ou s'ils l'entendirent, ils n'eurent pas conscience de leur position.

« La cour se réunit autour de la grande table éclairée par deux chandelles placées dans des bouteilles. » L'abbé Morancé ne connaissait aucun des officiers qui composaient le terrible tribunal. Le commandant, qui présidait, fit donner lecture de l'acte d'accusation et, interrogeant l'aîné des prévenus : « Pierre X***, dit-il, vous êtes accusé d'avoir changé vos vêtements et cherché à vous dérober par la fuite, etc... Au nom de la patrie en danger et envahie par l'ennemi, aviez-vous l'intention de déserter?

« — Oui, Monsieur.

« — Gendarmes, faites sortir l'accusé et son frère. »

La cour délibère, et le président, ayant fait rentrer le prévenu, prononce contre Pierre X***, né à .., canton de Montmirail, département de la Sarthe, la sentence de condamnation à mort, dont l'exécution devrait avoir lieu dans les vingt-quatre heures. Le malheureux jeune homme vient se jeter dans les bras du prêtre : « Mon aumônier, s'écrie-t-il, j'ai été élevé bien chrétiennement par ma mère, aurai-je le temps de me reconnaître?

— « Mon pauvre enfant, je ne vais plus vous quitter, attendons seulement afin de voir ce que va devenir votre frère. »

Les mêmes formalités se renouvelèrent pour Alexandre, et ce jeune soldat, désireux sans doute de sauver son frère ou de mourir avec lui, répondit comme son aîné : « Ma foi, oui, Monsieur. »

Il fut gracié, malgré lui. Ordre fut donné de reconduire le condamné en prison.

Depuis la ferme du Pressoir jusqu'à Laval, l'abbé Morancé accompagna le malheureux soldat entre deux gendarmes ; les pieds des chevaux les couvraient de fange, à ce point que ce n'était pas de la sueur qui coulait de leurs fronts, mais « de la boue délayée ». A la prison de Laval, on les renvoya à Changé. Sur la route, ils apprirent que la prévôté avait transporté sa résidence à la ferme du Grand-Thuré, au-delà de Grenoux. Il fallut revenir à Laval.

Après une marche de plus de douze kilomètres, le condamné se plaignait beaucoup des pieds, l'aumônier lui-même avait peine à marcher. Il refusa le cheval que lui offrit un des gendarmes, car il voulait accompagner son jeune mobile et marcher comme lui.

Arrivés au terme, l'abbé Morancé obtint la permission de passer la nuit avec le condamné.

Là, dans une boulangerie de ferme, le prêtre et le soldat élevèrent ensemble vers Dieu leurs pensées et leurs âmes, tous deux ouvrant leurs cœurs, l'un pour bénir et pardonner, l'autre pour s'avouer coupable et implorer son pardon. Dans de douloureux et pieux entretiens se passèrent les longues heures d'une nuit d'angoisses. Le condamné fit, avec foi et courage, le sacrifice de sa vie, et l'aumônier put le voir s'élever au-dessus de lui-même. « *Levavit se super se...* » Ses forces physiques sont épuisées, mais sa force morale grandit. A la voix du prêtre, « il comprit que mourir n'était pas cesser de vivre, mais atteindre Dieu. Il parla de sa mère qu'il allait bientôt rejoindre au ciel. »

L'ordre de le conduire au lieu d'exécution ne vint que vers midi. En traversant la ligne du chemin de fer, sur le passage à niveau, il y eut un moment d'arrêt. Le prêtre et le condamné se trouvaient seuls. Quelqu'un vint leur dire : « Mais qu'il se sauve donc au travers des broussailles. Les Prussiens sont à mille mètres, ils vont le faire prisonnier. Il aura au moins la vie... » Le malheureux regarda l'abbé Morancé avec tristesse, semblant l'interroger.

— Mon cher enfant, lui dit le prêtre, je suis auprès de vous afin d'adoucir votre dernière heure et nullement pour vous garder. »

« Ah! reprit-il vivement, me sauver!... Mes pieds déchirés ne peuvent même pas me porter! Oh! non, le sacrifice est fait... Vous m'avez assuré, mon aumônier, que j'allais en recevoir immédiatement la récompense... Si je vivais, j'offenserais Dieu peut-être et ne serais pas aussi certain de bien mourir... Que la volonté du bon Dieu s'accomplisse! » Entré dans le champ d'exécution, l'aumônier serra lui-même le bandeau sur les yeux du condamné.

Dans un dernier embrassement, le soldat repose son cœur sur le cœur du prêtre, puis il s'agenouille, presse une dernière fois sur ses lèvres le crucifix de l'aumônier... Une détonation retentit... et l'âme du chrétien s'en va recevoir « au ciel, où il n'y a plus de défaillance, l'éternelle récompense de son sacrifice accepté ».

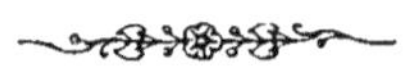

CHAPITRE XI

Le régiment quittait Chambaud le 27 janvier, au matin. Après avoir suivi sur la rive droite de la Mayenne, le chemin pittoresque et accidenté de Laval à Andouillé, les compagnies prirent leurs cantonnements dans les fermes et hameaux qui séparent ce village de la rivière. Une fois encore, le 33ᵉ avait à subir la malsaine influence de la boue, et pour franchir la distance qui sépare les compagnies, l'aumônier devra se servir d'un cheval.

Une circonstance douloureuse lui fit connaître les cantonnements plus fangeux encore du 62ᵉ de marche.

Dans la nuit du 7 au 8 février, l'abbé

Morancé, mandé par le général de brigade, dut se rendre à la ferme du Bas-Rochaubert, en Saint-Germain-d'Anxure, pour y préparer et assister un sous-officier de ce régiment, condamné à mort, et qui devait être exécuté le lendemain.

Il est nuit, seul avec le condamné, l'aumônier veille et prie. Dans une petite étable de la ferme, l'un et l'autre sont assis sur la paille. Le prêtre écoute avec une bonté toute paternelle les plaintes et les prières du malheureux soldat ; il met tout son cœur à le consoler, à calmer son désespoir, à ranimer sa foi, et à faire entrer Dieu dans cette âme .. L'exécution eut lieu dans la prairie de la Grippière. L'aumônier recueillit le dernier soupir du condamné, et accompagna, au cimetière de Saint-Germain, la dépouille mortelle du fusillé.

Quatorze jours durant, le 33ᵉ eut à souffrir dans ses cantonnements du dégel, de la boue et de l'inaction. Ajoutées aux fatigues antérieures, ces misères occasionnèrent encore de nombreuses maladies. Chaque jour l'aumônier conduisait quelqu'un de ses fils aux ambulances ; la plupart y succombait.

Quant à lui, la Providence l'avait conduit

« sous un toit cruellement éprouvé ». Une mère affligée lui donna la chambre de son fils, que la mort avait couché parmi les victimes de la guerre au combat de Saint-Vincent-du-Lorouër. « Il n'y a qu'un aumônier ou un soldat qui puissent coucher ici », dit Mme Marchais à l'abbé Morancé, « pour tout autre je n'aurais pu me résoudre à l'ouvrir. »

Parti d'Andouillé le 12 février, le régiment venait coucher au monastère du Port-du-Salut, à Entrammes, puis après dix jours de marche, il arrivait le 22, à Scorbé-Clairvaux et à Thuré.

Jusqu'au 16 mars, le 33e n'eut autre chose à faire qu'à se réorganiser. Tous les deux ou trois jours, l'aumônier se rendait à Châtellerault visiter ses malades. Au château de Mme de Champchevrier sur la colline qui domine la ville, plusieurs mobiles de La Sarthe sont heureux d'entendre parler du régiment et de revoir le prêtre de leur pays. La chapelle de la Barbinière fut d'un grand secours pour l'aumônier. Il peut y dire la messe en semaine, et chaque dimanche, il installe dans la cour un autel, et des hommes des trois bataillons viennent assister aux saints mytères. « Ces jeunes hommes que la

défense du pays et ses malheurs ont rassem-
blés, qui ont vécu des mois en frères, et qui
bientôt se sépareront pour ne plus jamais se
trouver réunis, comprennent que la religion
est la base de la vie… Aussi point de respect
humain… » le prêtre trouve des répondants
de messe aussi bien parmi les officiers que
parmi les soldats.

Une messe solennelle de *Requiem* fut célébrée par l'aumônier, dans l'église paroissiale
de Thuré, pour le repos des âmes des officiers et des soldats morts dans le cours de la
campagne. Deux capitaines s'offrirent pour
répondre et servir la messe : Ce n'était pas la
première fois que cet édifiant spectacle s'offrait aux yeux de cette jeune et chrétienne
assistance. L'âme du soldat est droite et fran-
che, naturellement religieuse, et ces deux
officiers qui témoignaient ainsi publiquement
leur croyance, avaient en mainte occasion
manifesté leur bravoure et leur courage.

Une misère, mais celle-là d'un genre tout
à part, semblait être réservée à nos soldats
dans ce pays. La cause en était au petit traître
de vin blanc doux, à deux sous le litre. Les
pauvres enfants qui n'avaient bu tout l'hiver
que de mauvaise eau, donnent dessus comme

sur du lait. Aussi, revenant un jour de Thuré par la grande allée de la Barbinière, l'au-mônier rencontre « un grand gaillard, bien charpenté pourtant, à la figure ouverte, à l'air tambour-major, qui chevrotte, chante à tue-tête, en décrivant les figures les plus capricieuses de la géométrie, et finissant par s'étendre sur le gazon. »

— « Eh bien! Mon ami, lui dit l'abbé Morancé.

— « Ah! mon prêtre, faites excuse. Mais c'est tout de même drôle, comme ce petit doucin là vous *acagnardit*, ça vous *cousine* les jambes... Il est fort, à faire tourner du vinaigre, ce petit dégourdi là... C'est pire que le *chnic* tout pur de mon capitaine, vous savez, qu'était malade à Saint-Sigismond, et qui disait que c'était du fil-de-fer.

— « Eh bien! un peu d'effort et levez-vous...

— « Mais... je cherche quelque chose...

— « Là, mon garçon vous avez ce qu'il vous faut, et un peu plus... Donnez-moi la main, et nous allons rejoindre les camarades plus fermes que vous sur les lois de l'équilibre... ».

En causant, ils suivirent ensemble les contours de l'allée, sans trop contrarier la ligne droite, et grâce à l'aumônier, le soldat put éviter de passer par la salle de police.

Vint le 15 mars. Ce jour là, armes et effets de campements sont remis à la manufacture de Châtellerault et le 16 marqua l'heure du départ pour le pays. Les étapes furent doublées et personne ne s'en plaignit. « Le bonheur donnait des ailes, et les jarrets ne pliaient pas ».

Neuf et dix lieues par jour à pied étaient au-dessus des forces de l'aumônier du 33ᵉ, mais grâce à la générosité du capitaine adjudant-major, R. de Gran⁵val, il put les faire en voiture, derrière son régiment, s'arrêtant avec lui à toutes les étapes.

La nouvelle de la révolte sanglante de la capitale vint grossir le nuage de tristesse qui planait sur les joies du retour.

« A la Flèche, le Sous-Préfet et le Maire viennent recevoir le 33ᵉ et lui procurer, dans la ville, la meilleure hospitalité. Le 1ᵉʳ bataillon se disperse, le 2ᵉ et le 3ᵉ reprennent la route du Mans. La dernière étape eut lieu à Arnage. »

Bientôt « en revoyant ces sapins si connus, ce chemin aux bœufs témoin de tant de souf-

frances et de dangers, chacun ne pouvait se
défendre d'un battement de cœur. Depuis ce
village jusqu'au Mans, les familles des mobiles sont sur la route. Le soldat entend son
nom, tressaille, redevient le frère, le fils,
l'époux ; les mères reconnaissent sous ces uniformes ternis, parmi ces visages où tant de
fatigues ont laissé leurs traces, celui de l'enfant pour lequel elles ont tremblé, pleuré,
prié... Lui, il est heureux, il ne pense
plus au plomb qui tue, ni aux boues aussi
meurtrières. La guerre a doublé sa vie. Il
revient plus homme, non moins fils.

Le drapeau n'a plus sa fraîcheur sans doute,
il est déchiré ; mais il revient entre les mains
de jeunes hommes qui ont apporté à la défense
nationale un contingent sérieux de patriotisme.

Sur la place des Jacobins, le colonel adresse
ses adieux d'une voix émue. Les mobiles de
La Sarthe pouvaient être fiers de recevoir
ainsi publiquement les éloges de leur officier
supérieur (1). »

Parti du Mans le 7 octobre, le 33ᵉ y reve-

____

(1) *Récits d'un Aumônier*, t. I, p. 261).

nait le 20 mars, après avoir pris part à tous les combats de l'armée de la Loire. Les mobiles pouvaient rentrer la tête haute, car leur devoir, ils l'avaient partout vaillamment accompli. Mis à l'ordre du jour à Coulmiers et à Villepion, ils avaient été remarqués et félicités publiquement pour leur brillante conduite à Loigny, à Villorceau. Leur énergie pendant la retraite sur Laval, leur avait encore valu les compliments du général en chef (1).

Leur digne et vaillant aumônier, M. l'abbé Morancé, les avait suivi pas à pas, partageant leurs fatigues, assistant à tous les combats, et faisant preuve partout d'un courage et d'un dévouement auxquels toute l'armée de la Loire a rendu souvent hommage.

Depuis les plaines désolées de la Beauce orléanaise, jusqu'au cœur même de la Mayenne, on l'avait vu à Marchenoir, Coulmiers, Villepion, Loigny, Villorceau, Vendôme, au Mans, à Saint-Jean-sur-Erve, affrontant partout, avec la foi ardente du prêtre et le courage du soldat, les balles et la

---

(1) *Histoire du* 33e *Mobiles*, par le vicomte de la Touanne, p. 99).

mitraille, les fatigues et les souffrances, pour procurer à ses chers fils mourants ou blessés, malades ou découragés, les secours de son ministère, les encouragements affectueux de son cœur si compatissant.

Au lendemain du licenciement du 33ᵉ, une soirée d'adieu, organisée par l'état-major en l'honneur du colonel, de l'aumônier, et des officiers présents au Mans, réunit une dernière fois les chefs du régiment

Le capitaine Vétillart, qui avait su s'effacer lui-même pour faire valoir les autres, y prit la parole au nom de ses collègues, et d'une voix émue adressa ses remerciements et ses adieux au colonel, à l'aumônier et à ses valeureux compagnons d'armes. Avec une exquise délicatesse d'expression, il sut rappeler la mission si courageusement et si dignement remplie du prêtre, au grand et noble cœur qui était devenu leur ami et leur modèle.

L'abbé Morancé voulut répondre :

« Mon Colonel, Messieurs,

« Avant de nous séparer, pour ne plus nous retrouver réunis tous ensemble, d'ici à long-temps peut-être, un seul mot d'adieu bien court.

« Mais d'abord à vous, mon Colonel, au

nom de ce 33ᵉ que vous avez formé, et qui a
eu l'honneur, en défendant le pays sous vos
ordres, d'être cité avec distinction à l'ordre du
jour de l'armée, à vous l'expression de notre
parfaite gratitude En écoutant il y a quelques jours les adieux si bien sentis de notre
général de brigade, en voyant l'accueil de
nos compatriotes, nous ne pouvons nous
empêcher de reconnaître que c'est à votre
direction ferme et prudente, autant que bien-
veillante, que nous devions rapporter tous ces
éloges.

« A vous, Messieurs les officiers, mon affectueuse reconnaissance.

« Envoyé au milieu de vous par Monseigneur, comme un fils aîné, à qui on confie le
soin de veiller sur les plus jeunes, vous m'avez
reçu avec une amitié fraternelle que je n'oublierai de ma vie.

« Je suis fier, Messieurs, de vous avoir
accompagnés. Je vous ai vus tous nos jours
de bataille et j'ai compris, admirant votre
bravoure, à la tête de vos compagnies, que si
les discours charment et séduisent, ce sont
les exemples qui entraînent.

« Dans ces jours troublés et malheureux
que nous traversons, beaucoup ne songent

qu'à leurs *droits*, vous vous êtes souvenus, Messieurs, que vous aviez des *devoirs* envers notre pays et vous les avez noblement accomplis.

« Vous allez rentrer dans vos familles et prendre un repos dont vous avez grand besoin, que vous avez si bien mérité. Mais six mois de fatigues partagées, de privations, de dangers courus ensemble, ont formé entre nous des liens d'amitié que rien ne brisera plus.

« Je vais reprendre, Messieurs, les paisibles fonctions de mon ministère, mais je ne vous oublierai pas. Je penserai aussi à ceux que nous avons perdus, nos braves compagnons d'armes, ces braves enfants de La Sarthe, que nous avons vu mourir sur tous les chemins, depuis les plaines désolées de la Beauce orléanaise jusqu'aux rives de la Mayenne.

« Enfin, Messieurs, au revoir! Car dussions-nous ne jamais plus nous trouver réunis, je ne vous dirai pas adieu ; vous savez comme moi que la mort n'a pas le dernier mot de la vie. »

CHAPITRE XII

Le 20 mars 1871, après six mois d'absence, M. l'abbé Morancé rentrait à Saint-Gervais-de-Vic.

Déjà l'histoire se livrait à une enquête sévère et minutieuse sur les causes diverses de nos désastres; les hommes d'État cherchaient à expliquer comment la France s'était trouvée seule un jour, privée de toute alliance, et presque de toute sympathie, en face d'un ennemi redoutable, préparé dès longtemps à la lutte; les hommes de guerre voulaient nous apprendre par quelle stratégie savante, des armées aussi braves que nombreuses avaient été, dans un court espace de temps, vaincues, désorganisées, détruites; les moralistes nous montraient où peut aboutir une

civilisation brillante lorsque les peuples aban-
donnent la vérité et les principes, pour se
livrer aux utopies : les philosophes chrétiens
nous faisaient voir ce que devient une grande
nation, quand elle renie sa foi et ses traditions séculaires pour se révolter contre Dieu,
en se jetant aveuglement dans les aventures
périlleuses du paganisme moderne ; le prêtre
résumait dans un mot tous ces discours et
disait à son peuple : *Digitus Dei est hic. Le
doigt de Dieu est là.* Tel fut le texte du premier prône de l'aumônier militaire, de retour
au milieu de ses paroissiens. C'était la conclusion de tous les récits de sa campagne, et
chacun voulait les entendre et les recueillir
de sa bouche.

L'aumônier des mobiles de la Sarthe fût
reçu avec enthousiasme par les habitants de
Saint-Gervais, heureux de retrouver leur
pasteur. Eux aussi avaient souffert. Pendant
de longs mois ils avaient subi le joug d'un
ennemi cruel et insolent, et si l'éloignement
de leur curé les avait privé de consolations et
d'encouragements, ils étaient fiers des nombreux témoignages rendus à sa bravoure et à
son dévouement.

Après tant de fatigues et de peines

M. Morancé goûtait enfin le repos et la tran-
quillité. Ce petit village aux sites pitto-
resques, était une douce et calme retraite
où la vie s'écoulait paisible, loin du bruit des
grandes cités.

Quelques mois s'étaient à peine écoulés
lorsque le curé de Saint-Gervais recevait, à la
date du 30 mai 1871, sa nomination à la cure
de Lombron, vacante par la mort de M. l'abbé
J. Chauvière.

Succéder à un vieillard que l'âge et une
longue maladie empêchaient de s'occuper
activement du ministère, c'était pour le
nouveau curé une heureuse occasion de
déployer son zèle et son activité. Précédé
dans sa paroisse par la renommée de ses vertus et de son courage, il y fut chaleureusement accueilli de tous.

Au milieu de ce nouveau troupeau de
fidèles confiés à ses soins, M. Morancé
s'adonna de tout cœur à son œuvre de dévouement, de charité. Les travaux du saint ministère sont partout et toujours les mêmes :
visiter les pauvres et les infirmes, gagner des
pécheurs à Jésus-Christ, aider les justes à
marcher dans les voies de la perfection, consoler en les partageant, les douleurs des

autres : voilà toute la vie du prêtre dans une paroisse.

Entre temps, il est doux au cœur de l'ancien aumônier de rappeler les souvenirs de sa campagne à l'armée de la Loire et les divers évènements auxquels il s'est trouvé mêlé. C'est ainsi qu'il raconte à un ami, dans *la Voix de Notre-Dame de Chartres, deux épisodes* dont il a été lui-même l'acteur et le témoin (1).

Quelques semaines après, dans un éloquent discours, reproduit dans la *Semaine du Fidèle*, le curé de Lombron, s'adressant aux pèlerins réunis aux pieds de Notre-Dame de Torcé, en la fête annuelle du 2 juillet, sut rappeler heureusement quelques épisodes touchants de sa campagne et tenir ainsi, pendant près d'une heure, son auditoire sous le charme de ses souvenirs d'aumônier (2).

Pressé par quelques amis, il écrivit pour *l'Histoire du 33ᵉ Mobiles* par M. le vicomte de la Touanne, « quelques pages trop courtes où ceux qui ne connaissent pas le sympa-

_____

(1) *Semaine du Fidèle*, t. IX, p. 584.

(2) *Semaine du Fidèle*, t. IX, p. 683.

thique aumônier du 7e bataillon, y découvrent un cœur de prêtre et de soldat (1).

Après trois mois écoulés, aucun acte officiel n'était venu encore récompenser la noble conduite du vaillant aumônier. Ceux qui l'avaient vu à l'œuvre pensaient à en manifester leurs regrets et leur étonnement, lorsqu'à la date du 25 août 1871, M. Morancé recevait communication du décret lui notifiant sa nomination au grade de chevalier de la légion d'honneur. Le dimanche 5 novembre suivant, le général Benoit, qui commandait alors au Mans, lui en remettait les insignes en présence de tout le corps d'armée. « Jamais croix, dit *la Sarthe*, n'avait été plus vaillamment et plus noblement gagnée (2). »

Tous les journaux applaudirent à cette nomination, et de tous les côtés arrivèrent de nombreuses félicitations à l'adresse de l'humble curé de Lombron. Ceux surtout qui dans l'armée l'avaient vu à la peine se réjouissaient de le voir au triomphe.

De cette distinction accueillie partout avec

(1) *L'Union* de Paris 9 fév. 1872. Em. Souvigné.

(2) *La Sarthe,* 13 fév. 1886.

faveur, l'ancien aumônier se félicitait surtout pour l'honneur rendu au clergé dans sa personne. Ce qui le touchait davantage c'était de savoir que bon nombre de ses anciens compagnons d'armes avaient refusé d'être portés sur la liste de propositions pour la décoration, si avant leurs noms, ne figurait pas celui de leur cher aumônier. De tels sentiments sont à l'honneur de ceux qui les expriment et de ceux qui en sont l'objet.

Ces officiers au cœur généreux et reconnaissant, se réunissaient à l'*Hôtel de France*, le jeudi 30 novembre 1871. Ils y avaient convié leur ancien aumônier.

A la fin du dîner, M. de la Touanne offrait à M. l'abbé Morancé, au nom du régiment, un magnifique crucifix en émail, en remerciant l'aumônier du 33ᵉ, « du courageux dévouement, de la charité inépuisable dont il avait fait preuve pendant toute la campagne ».

« J'avais déjà reçu, répondit, M. Morancé, au delà de toute mesure, la récompense de mes faibles services. Votre bonne amitié, Messieurs, si persévérante dans notre temps qui oublie vite, suffisait à mon ambition terrestre, et vous avez tenu si haut et si ferme le drapeau du 33ᵉ, que ce sera l'honneur de ma vie de l'avoir accompagné et servi. »

Le souvenir des amis tombés au champ d'honneur, ne pouvait être absent de cette réunion intime. Les officiers du 33e n'avaient pas oublié leurs camarades tombés à leurs côtés. Aussi le vœu du colonel et de l'aumônier, d'ériger un monument sur les champs de bataille, témoins de l'agonie de leurs frères d'armes, trouva dans tous les cœurs un généreux écho.

La bravoure et la générosité sont sœurs.

Braves et généreux, les survivants d'Epieds-Coulmiers, de Loigny, de Beaugency, fondèrent à perpétuité une messe aux jours anniversaires de ces grands combats. Sur un monument, fixé près du sanctuaire, dans chacune de ces églises, les noms des victimes sont gravés en lettres d'or. C'est le mémorial authentique de leur valeur et du souvenir de leurs frères.

Les sous-officiers du 33e, eux aussi, voulurent rappeler, dans une réunion non moins touchante et non moins cordiale, leur fraternelle union sur les champs de bataille de l'Orléanais, de la Beauce, du Blaisois et du Maine.

Ils adressèrent une lettre d'invitation à

leur « cher aumônier » qui se fit une douce obligation de causer à ses fils, la joie de le retrouver au milieu d'eux.

« Cher aumônier, lui écrivait l'un des ordonnateurs de la fête, je viens au nom de mes camarades, vous inviter à bien vouloir présider notre banquet. Après nous avoir vu et accompagné à la peine, pourriez-vous nous refuser de nous voir à la joie, en présidant cette réunion de frères d'armes ? »

Sur leur demande, M. Morancé donna à plusieurs sa photographie. L'éloquence naïve du cœur de ses chers enfants, sut lui en exprimer leur reconnaissance en termes particulièrement délicats : « Vous ne sauriez croire, écrivait l'un d'eux, le plaisir que nous goûtons à contempler cette photographie, et les doux souvenirs qu'elle nous rappelle. Nous vous y voyons, honoré de la Croix, de ce signe que l'on accorde à ceux qui ont noblement rempli leur devoir et notre souvenir se reporte alors, à ces heures d'angoisses, où nous vous voyions cheminant péniblement à nos côtés, la soutane retroussée, la barbe longue, les traits souvent fatigués, par toutes les privations que vous nous montriez à endurer, près de nous et toujours au moment où nous avions le plus besoin de votre exemple et de votre secours, dans les marches forcées, dans les combats. Nous vous voyons encore avec une bonne et aimable parole sur les lèvres, un sourire encourageant qui nous rendait le sacrifice acceptable... (1) »

Le lendemain de ces fraternelles agapes ramenait l'anniversaire du 2 décembre. Un grand nombre d'officiers de mobiles et d'anciens soldats assistaient à une messe de *Requiem*, célébrée en l'église Notre-Dame de la Couture par M. l'abbé Morancé, pour le repos de l'âme des officiers, sous-officiers et soldats du régiment, morts pendant la guerre.

Après cette messe, l'abbé Morancé, le commandant de Musset, le capitaine Duboys d'Angers et deux lieutenants se rendirent au service solennel de Loigny pour y représenter le régiment. Une députation du 33ᵉ avait sa raison d'être. Dans l'église, du côté droit, le troisième écusson rappelait la bravoure des mobiles de la Sarthe. Mgr Pie, évêque de Poitiers, avait accepté de prononcer l'oraison funèbre des héros de Loigny.

(1) Lettre da 18 nov. 1871, signée Denis E...

L'office terminé, la foule se dispersa dans la plaine, parsemée çà et là, de petits monticules surmontés d'une croix de bois. Aux pieds de ces tumulus, là où ils les avaient vus tomber et où ils supposaient qu'ils reposent, l'aumônier et ses compagnons vinrent s'agenouiller et réciter le *De profundis*. C'étaient les tombes de leurs frères d'armes.

Les maisons et les murs de clôture où les brèches des boulets étaient à peine refermées ; le petit Bois-Bourgeon, encore haché par les balles, où l'aumônier du 33ᵉ était demeuré pendant plus d une heure, auprès des cadavres de ses fils; tout parlait dans cet anniversaire, comme le dit l'historien de Mgr Pie, tout rappelait les émotions de cette triste journée du 2 décembre 1870.

L'ex-aumônier rapportait à Lombron tous ces souvenirs. Il aimait à en entretenir ses paroissiens. Ces récits édifiants par eux-mêmes révêtaient dans la bouche de M. Morancé un caractère particulier qui charmait et touchait les cœurs.

A son arrivée dans cette paroisse, le nouveau curé avait trouvé un presbytère inhabitable. Il avait mené à bien, mais non sans quelques difficultés, la question d'une reconstruction. Les travaux de démolition de l'ancien presbytère étaient terminés, déjà commençait à s'exécuter le plan des nouvelles constructions, quand le 25 mai 1872, M. Morancé recevait sa nomination à la cure d'Arnage.

CHAPITRE XIII

Les camps et la vie militaire étaient deve-
nus comme un élément, désormais nécessaire
à la vie de l'ex-aumônier.

Il savait, pour l'avoir expérimenté, combien fructueux et consolant peut être le ministère du prêtre dans l'armée. Son désir
était donc de se rapprocher de ceux qu'il
appelait encore ses fils, espérant ainsi pouvoir exercer plus facilement sur eux une
salutaire influence. Bon nombre d'officiers
et certaines familles n'avaient pas craint de
faire parvenir aux oreilles de l'autorité diocésaine, l'expression de leurs vœux à ce
sujet.

Pour n'être pas Le Mans, Arnage n'en était cependant qu'à une faible distance. De là, il serait facile à l'ancien aumônier d'avoir des relations plus fréquentes et plus suivies avec les anciens mobiles de la Sarthe comme aussi avec les hommes de la garnison du Mans. Déjà d'ailleurs s'agitait la question de l'aumônerie militaire en temps de paix, et chacun désignait d'avance l'ancien aumônier du 33e.

En face de ces considérations, M. Morancé accepta avec empressement la cure d'Arnage. Là, comme ailleurs, la régularité de sa vie, son zèle et sa charité, plus encore que la réputation qui l'avait précédé, lui gagnèrent vite l'estime et l'affection de ses paroissiens.

A Arnage, le ministère paroissial lui laissait tout loisir de s'occuper des soldats, de se livrer à l'étude, voire même de répondre plus facilement au désir de ceux de ses amis qui réclamaient le secours de son ministère.

Le nouveau curé avait été installé dans les premiers jours de juin.

Quelques mois plus tard, le 9 novembre 1872, les officiers du 33e se trouvaient une fois encore réunis dans les plaines de la Beauce. L'abbé Morancé ne pouvait manquer à cette réunion. Il s'agissait d'ailleurs de rendre hommage à la valeur de ceux qu'il appelait si paternellement ses fils.

Dans les églises d'Épieds et de Beaugency, dans la plaine de Coulmiers devait avoir lieu l'inauguration des monuments consacrés au souvenir de nos soldats. Sur l'invitation de son colonel, l'aumônier du 33ᵉ, dut prendre la parole en cette circonstance. Il le fit avec ce tact et cette délicatesse dont il était doué.

« Messieurs, en revoyant cette plaine que nous traversions à pareil jour, il y a deux ans, avec des pensées si différentes, nous ne pouvons nous défendre d'une émotion de tristesse et de bonheur.

« De tristesse, à cause de ceux que nous avons vus tomber autour de nous, nos compatriotes et nos amis.

« De bonheur, en nous retrouvant en si grand nombre autour de cette tombe, unis dans un même sentiment d'affection, de douleur et d'admiration.

« Nous, Messieurs, nous avions à vous suivre peu de mérite, et, devant vos fatigues et leurs souffrances, nous pouvions peu de chose, mais la consolation de notre impuissance a été de vivre à côté de vous sous les coups des mêmes dangers.

« Le 33e fut mis à l'ordre du jour de l'armée et son histoire, écrite par une main qui a su tenir si bien l'épée, restera.

« C'est beaucoup pour la gloire humaine ; mais vos pensées sont allées plus loin, vos cœurs ont monté plus haut.

« Par votre générosité, la pierre du tombeau va devenir l'autel du Saint-Sacrifice.

« Sur cette terre arrosée d'un sang généreux, chaque année, à pareil jour, sera offert le sang rédempteur, qui va purifier et sauver les âmes dans le séjour de l'expiation.

« Lorsqu'il ne restera plus rien, en ce monde du 33e, lorsque la mort aura éteint la douleur et le souvenir dans le cœur des mères ; de ce lieu s'élèvera vers Dieu en ce jour, à perpétuité, la puissante voix de la prière.

« Ils sont morts simplement, Messieurs, sans donner un regret aux récompenses et aux honneurs que leur réservait la reconnaissance de la Patrie, s'ils avaient pu survivre à leurs blessures. Mais leur nom vivra dans la succession des siècles.

« Ils reposent ici, loin de notre pays, mais

près de nos cœurs, sous le regard de Dieu.

« Et nous allons partir avec le ferme espoir que nous les retrouverons un jour dans un monde meilleur. »

C'est ainsi que le prêtre des soldats savait reserrer le lien qui unit les âmes arrivées au terme, avec celles qui restent encore dans la lutte, lien qui rappelle à ceux qui peuvent encore souffrir et prier, de venir en aide à ceux qui attendent, dans le séjour de l'épreuve, le moment de l'éternel repos.

Il appartenait encore à M. Morancé, d'élever, non plus seulement à la gloire des morts mais aussi à la louange des vivants, un monument impérissable à l'honneur du 33ᵉ.

Dans une humble paroisse de campagne après le temps consacré à la sainte Messe, à la récitation du bréviaire, et aux diverses autres fonctions du ministère, le prêtre peut disposer d'un temps assez considérable pour se livrer, selon ses goûts et ses aptitudes, à la culture des sciences, des lettres ou des arts.

Pressé de publier ses notes et souvenirs d'aumônier, l'abbé Morancé s'était mis à l'œuvre et, dès les premiers jours de l'année 1874, paraissait son livre : *Un régiment de l'armée de la Loire*. Ce n'est qu'un chapitre ajouté au livre de son colonel, « celui des sacrifices acceptés, consentis, chapitre qui a bien sa gloire ». Il convenait à l'aumônier de remplir cette tâche : lui, l'ami de tous les jours, de toutes les heures, le compagnon des souffrances, le témoin des sacrifices, le consolateur des derniers instants, le dépositaire des plus chers secrets, le confident des pensées les plus intimes, pouvait dire mieux que personne ce qu'il y eut à côté du courage, de désintéressement, de fraternité vraie, de sentiments élevés, dans le cœur de nos soldats.

Son livre est « le reflet exact de l'existence agitée dont le brave aumônier a, sans faiblir, accepté les vicissitudes, inégalement mélangées de sourires et de larmes ; la note gaie n'y domine pas, elle s'y rencontre néanmoins, éclatant tout-à-coup au détour d'un feuillet de deuil ». La leçon morale trouve place à côté des récits les plus émouvants. Quelques citations tirées de l'Écriture ou des Pères sont amenées le plus souvent en forme de conclusion et entrent si bien dans la trame du style qu'elles semblent faire corps avec elle. Les caractères et les figures y sont finement dessinés et les scènes les plus touchantes admirablement dépeintes. Aussi l'accueil fait à cet ouvrage dépassa toutes les prévisions. Dédié aux officiers et soldats du 33ᵉ mobiles, vendu au profit des blessés, le livre de l'ancien aumônier méritait le succès, succès bien légitime.

L'anecdote authentique plaît et séduit.

« On est heureux de retrouver dans un livre les étapes qu'on a parcourues, les compagnons d'armes avec lesquels on a souffert et combattu, ceux surtout qu'on ne doit plus rencontrer ici-bas et qui ont payé de leur sang leur dette à la patrie. A chaque page du livre de M. Morancé, on reconnaît celui qui a vu ce qu'il raconte. C'est un témoin oculaire qui parle et il parle comme il sent où plutôt comme il a senti. Dans la joie, comme dans les larmes, à l'ambulance comme sur le champ de bataille, on croit entendre cette parole : Ceci, j'y étais et je l'ai vu. C'est un récit vrai où se peint, dans tous ses détails, et dans ses mille nuances délicates, le caractère français. La vie de ces soldats improvisés qui furent l'armée de la Loire, diffère sous bien des rapports de celle des armées régulières, et s'il y a moins d'expérience, moins de fermeté après une défaite, on y trouve cependant, partout et toujours, le même en train, le même courage et le même amour de la France. » (1)

Mais si l'on sent toujours le souffle patriotique et français dans les émouvants récits de l'aumônier, on y voit également le prêtre, cet homme qui compte pour peu de chose la vie d'ici-bas, lorsqu'il s'agit d'assurer le bonheur de la vie future.

Aussi de tous les côtés arrivèrent au presbytère d'Arnage des félicitations, des remerciements et des demandes.

« Vraiment le 33ᵉ est un trop heureux régi-
« ment; la louange ne lui manquait pas,
« vous lui avez assuré quelque chose de plus
« précieux, la sympathie de tous ceux qui, en
« grand nombre liront les pages d'un si atta-
« chant récit : en le dévorant on se sent
« vivre de la vie émouvante des camps, et
« puis tous ces enfants de la Sarthe ont une
« naïveté si pleine de naturel, que vous avez
« embellie de tout votre esprit et de l'inépui-
« sable tendresse de votre cœur! Vous dirai-
« je ma pensée : tandis que les scènes de
« votre récit sont écrites avec une perfection

---

(1) *Gazette de France*. 31 Mars 1874. Christian de Coulonge.

« saisissante que je n'ai jamais rencontrée
« dans un ouvrage de ce genre, vous avez
« fait du *moblot* un portrait si flatté que bien
« des juges se refuseront à le reconnaître. —
« Seules peut-être, les tendres mères après
« avoir bien pleuré tour à tour d'effroi et
« d'attendrissement, vous remercieront du
« portrait et voudront bien le reconnaître. —
« Si le bon Dieu veut que nous revoyions de
« pareils jours, elles éprouveront un vrai sou-
« lagement, en laissant partir leurs enfants,
« de penser qu'ils rencontreront près d'eux le
« cœur d'un si bon prêtre ». (1)

De son côté l'amiral Jauréguiberry écrivant
de Toulon à M. Morancé, l'assurait qu'il avait
lu son ouvrage « avec d'autant plus d'intérêt
« que *je suis attaché de cœur*, disait-il, à ces
« mobiles de la Sarthe, dont j'ai toujours
« admiré la bravoure, le dévouement et la
« discipline. Tous, officiers et soldats, ont
« prouvé ce que peuvent faire des hommes
« animés de l'amour de Dieu et de la Patrie.

« Quant à vous, Monsieur le Curé, je n'ai
« pas oublié, et j'ai souvent cité votre noble

______

(1) Lettre de M. J. Vétillart. Paris. 12 fév. 1874.

« et pieuse conduite auprès de nos blessés.
« Vous avez fait, pendant notre si pénible
« campagne à l'armée de la Loire, une œuvre
« dont vous tiendra certainement compte
« *Celui* dont vous vous êtes montré le fidèle
« ministre .. » (1).

Les journaux de la Sarthe (2), les grands
journaux de Paris, tels que l'*Union*, *La Gazette
de France*, l'*Univers* (3), rendirent compte de
l'ouvrage et en firent l'éloge.

La presse des départements se fit à son
tour l'écho de ces voix autorisées pour
louer et reproduire, en partie du moins,
l'ouvrage de M. Morancé. Citons entre autres
le *Mémorial des Pyrénées* et la *Gazette de l'Est*
de Nancy. Dès la fin de l'année l'édition
était complétement épuisée. C'est là le plus
éloquent éloge du livre dont chaque page
pourrait porter pour devise :

Dieu et Patrie !

---

(1) Lettre de l'amiral Jauréguiberry, Toulon, 12 mars 1874.
(2) *La Sarthe*, nᵒˢ des 23 et 26 janvier 1874.
L'*Union de la Sarthe*, 26 février 1874.
La *Semaine du Fidèle*, 25 janvier 1874.
(3) L'*Union* de Paris, 3 mars 1874.
La *Gazette de France*, 31 mars 1874.
L'*Univers*, 1ᵉʳ juillet 1874.
Le *Mémorial des Pyrénées*, 20 décembre 1874.

CHAPITRE XIV

Trop longtemps, l'armée française, privée
de tout secours religieux, a semblé n'être pas
chrétienne. Le jeune homme arrivant au
régiment n'y trouvait ni prêtre, ni autel. Sans
religion, que pouvait-il devenir? N'est-ce
pas « Dieu qui donne le goût du travail,
l'amour de la discipline, à l'âge où la liberté
s'éveille dans le cœur! Sans Lui, les dangers
seraient effrayants pour un jeune homme
bien élevé au point de vue de sa propre
dignité, au point de vue même de sa santé,
car là encore est le secret qui maintient la vie
de l'intelligence et la vie du corps, le *tuta-
mentum mentis et corporis*. »

« Si une main amie est tendue à ces jeunes hommes pendant leur passage sous les armes, que de luttes soutenues par eux, que d'efforts heureux, que de trébuchements évités qui auront une influence décisive sur le reste de leur vie et qui pèseront d'un grand poids dans la mystérieuse balance qui mesure, au jour de la mort, toute la vie d'un homme! »

« Voilà pourquoi le prêtre avait sa place marquée dans nos casernes aussi bien qu'au milieu des villages et des hameaux; il tendait la main à cette jeunesse qui est bien ce qu'il y a de meilleur dans le pays, qui n'attend le plus souvent pour suivre le bon chemin que cette main amie le lui montre, que cette voix de père qui prie plutôt qu'elle ne commande et s'adresse au cœur plutôt qu'à la raison. »

Ce qui s'était passé lors de nos derniers désastres témoignait hautement en faveur de la mission du *prêtre du soldat*. S'il est d'ailleurs un sacrifice que la patrie n'ait pas le droit d'exiger et que nul, sans faillir, n'a le droit ou le pouvoir d'accorder, c'est assurément le sacrifice de sa conscience et de sa foi. Le pays l'avait compris. Depuis deux ans déjà les pouvoirs de l'État, au début de leurs travaux, appelaient sur la France, par des prières publiques, les bénédictions du ciel, et l'Assemblée nationale était à la veille de renouer, par une loi bienfaisante, les liens de confraternité dans le sacrifice qui unissent le prêtre et le soldat (1).

Comment, après les tristes expériences par lesquelles il avait plu à Dieu de faire passer la France, ses législateurs n'auraient-ils pas reconnu que la religion, cette école des destinées éternelles, imprime plus que toute discipline, dans la conscience du soldat, le respect de soi-même, l'idée d'une mission glorieuse et la générosité patriotique poussée jusqu'au mépris même de la vie? Ils devaient obéir à l'inspiration de cette parole : Si vous voulez avoir des soldats, mettez auprès d'eux des apôtres ; si vous voulez former des héros, commencez par en faire des chrétiens.

Par le conseil et l'organe de ses représentants, le pays ne pouvait faire échec au mouvement religieux qui s'était manifesté au moment de nos désastres dans les armées de la

---

(1) Cf. L'*Univers* du 9 avril 1874. Discours de M. Chesnelong à l'assemblée générale des Comités catholiques.

France. Ce mouvement se manifestait de nouveau. Justement préoccupés des intérêts religieux de leurs enfants appelés sous les drapeaux, les pères de famille de 71 départements
adressaient à la Chambre des pétitions pour
obtenir une aumônerie dans l'armée. La presse
religieuse encourageait ces efforts, et des
hommes compétents s'efforçaient d'éclairer la
question. MM. Staub, de Beuvron de Meissas,
Jacques, etc., écrivaient sur ce sujet nombre
d'articles, *projets* et *rapports*, non moins
remarquables que justement appréciés.

Au nom de l'épiscopat, l'archevêque de
Rennes, Mgr Brossais-Saint-Marc, réclamait
près de MM. les membres de l'Assemblée nationale le rétablissement de l'aumônerie
militaire (1).

Mgr Fillion, dans une lettre en date du
19 janvier 1873, envoyait son adhésion au
vénérable pétitionnaire : « Dans la pétition
que vous venez d'adresser à l'Assemblée nationale, au sujet de l'aumônerie militaire, écrivait le pieux évêque du Mans, vous avez
exprimé non seulement les vœux de l'épisco-

____

(1) Lettre du 20 décembre 1872.

pat tout entier, mais aussi ceux des pères et des mères de famille qui ont souci du salut de leurs enfants. »

Nos législateurs crurent devoir faire droit à ces trop justes réclamations, et, dans la séance du samedi 19 juillet 1873, l'Assemblée nationale mettait en délibération la proposition de MM. Fresneau et Emile Carron relative à l'organisation du service religieux dans l'armée de terre. Les généraux Pélissier et Robert soutinrent M. Carron contre le général Guillemant, et dès cette première séance, la cause de l'aumônerie militaire parut gagnée.

Le 20 mai de l'année suivante un vote définitif en consacrait l'organisation.

A l'aumônerie hiérarchique de la Restauration, on substituait l'aumônerie diocésaine. La première, encore généralement acceptée en Europe, était plus forte et plus autoritaire, mais en faisant de l'aumônier un *capitaine* et en le détachant de son évêque, elle le soustrayait à la surveillance et à l'autorité diocésaine. La nouvelle organisation évitait cet écueil pour tomber dans l'excès opposé, et en plaçant l'aumônier entièrement en dehors de la hiérarchie militaire,

l'exposait à l'isolement et paralysait son
action. Celle-ci, du reste, devait avoir le sort
de cel e-là.

Pour l'heure, la France rendait à la religion son droit de cité dans les casernes et dans
les camps. Ce faisant, elle voulait que le prêtre put montrer le ciel au soldat mourant et
mêler dans son cœur la pensée de l'immortalité aux consolations de la gloire : c'était
comprendre qu'à côté de l'éducation militaire,
il fallait laisser place à l'éducation religieuse
et morale : c'était admettre et reconnaître
l'influence du principe religieux sur le sort et
la mission de ses armées.

Désormais nos soldats trouveraient à la
caserne et aux camps l'enseignement religieux, et il ne tiendrait qu'à eux d'unir à la
bravoure et à la loyauté, depuis tant de siècles
en France héréditaires « le courage et le
mérite de remplir leurs devoirs envers Celui
dont les droits à être servi sont supérieurs à
ceux de la patrie (1). »

La loi du 20 mai 1874 avait été promulguée

1, Discours de M. l'abbé Le Segretain, aumônier militaire à Laval.

le 3 juin suivant. Elle devait être mise en vigueur trois mois après, c'est-à-dire le 5 septembre Mais la nomination des aumôniers étant subordonnée à l'effectif de chaque corps de troupes, il fallait connaître exactement le nombre des hommes appartenant aux différents cultes reconnus par l'État.

Le général de Cissey, alors ministre de la guerre, s'était empressé d'inviter les gouverneurs militaires de Paris, de Lyon, d'Algérie, ainsi que les généraux commandant les divers corps d'armée, d'avoir à lui adresser le tableau récapitulatif des officiers et soldats par catégories de culte.

Ces recherches apportèrent un certain retard dans l'application de la loi, et ce ne fut que le 1er décembre 1874 que M. Morancé fut nommé, par décision ministérielle, aumônier auxiliaire de la garnison du Mans. Il n'y avait d'aumônier titulaire que dans les villes où résidaient au moins deux mille hommes de troupes. Cette nomination fut accueillie avec joie dans tout le pays. « M. le curé d'Arnage, disait *la Sarthe* (1), avait fait trop

____

(1) *La Sarthe*, 14 décembre 1874.

brillamment ses preuves pour qu'il fut possible de l'oublier. Il était naturellement désigné pour remplir ces fonctions difficiles et délicates entre toutes. Le succès passé était la meilleure des garanties pour l'avenir. »

Avant de se rendre à son poste, M. Morancé voulut placer son nouveau ministère sous la protection de la Sainte Vierge. C'est aux pieds de Notre-Dame de Chartres qu'il alla se prosterner et demander force et courage pour l'accomplissement de l'œuvre que lui confiait la divine Providence.

CHAPITRE XV

LES DÉBUTS. — DISCOURS DE PRISE DE POSSES-
SION. — L'ACTION DE L'AUMÔNIER. — L'ORGA-
NISATION DU SERVICE RELIGIEUX POUR LES
ENFANTS DE TROUPE.

Le soir du 15 décembre 1875, l'aumônier de
la garnison du Mans prenait possession de
son poste. Le lendemain, il réunissait autour
de lui ses nouveaux paroissiens et leur traçait
le programme de sa mission.

« *Pax vobis.* » Que la paix soit dans vos
cœurs! fut sa première parole. « Je suis envoyé,
ajoutait-il, par vos supérieurs et les miens, pour
renouer l'antique alliance de l'armée et de l'autel, de la croix et de l'épée: de l'épée qui défend
la justice et de la croix qui la fait aimer. Je suis
envoyé vers vous, Messieurs, pour apporter à
l'ombre de votre drapeau la paix du Christ,

pour consoler ceux qui souffrent, raffermir ceux qui doutent et conduire à la joie du ciel, du milieu des combats, ceux qui aiment la patrie et se dévouent pour elle jusqu'à l'effusion du sang.

« Je viens à vous avec confiance, parce que je sais, par vos actes, combien vous êtes les appréciateurs éprouvés de l'abnégation et du dévouement. Le cœur du prêtre et celui du soldat se touchent par plus d'un côté et sont bien faits pour se comprendre. Le prêtre n'est pas envahisseur, vous le croyez bien, Messieurs, et vous n'avez pas peur de lui... Son action ne s'étend que sur les cœurs, et cela peut suffire à la plus noble ambition.

« Il apporte aux âmes immortelles la foi qui nourrit le patriotisme ; la foi qui éclaire l'honneur, le dirige, l'affermit, l'exalte ; la foi qui est la première obéissance de l'âme, sa première et indispensable discipline ; la foi qui donne le courage, le généreux mépris de la mort, et fait trouver, dans cette mort pour la patrie, non seulement l'expiation des fautes passées, mais encore l'accomplissement sacré d'un devoir public.

« Je viens à vous avec affection, Messieurs, comme je suis allé, il y a quatre ans passés,

vers ces braves jeunes gens du 33ᵉ régiment
de Mobiles de la Sarthe, dont la vaillance
honora nos revers en ce jour de Coulmiers,
qui, vous le savez, jeta sur le deuil de la
patrie un dernier rayon de gloire...

« Dans ces jours douloureux, la main du
prêtre et celle du soldat se rencontrèrent et
se joignirent. Le temps depuis ne les a point
séparées.

« Je vous apporte le même cœur, Messieurs,
j'espère de vous la même sympathie.

« Ce jour où l'aumônier qui vous est donné
va bénir ce qu'il y a de plus honorable aux
yeux des hommes, la bravoure, ce jour je l'ai
ardemment désiré depuis que j'ai vécu de
votre vie et vu de près vos dangers.

. . . .

Messieurs, c'est vers Dieu, juste rémuné-
rateur des vertus, que je viens tourner vos
regards, vers ce Dieu de Clovis qui a fait la
France, qui la veut à Lui et la protégera. Et
si je demande à vos cœurs de s'incliner devant
Lui, comme devant le principe générateur
de toute science, le foyer lumineux d'où jail-
lissent la lumière, la vérité, la vie, c'est afin
que rien, dans votre existence si laborieuse
et si méritante, ne soit perdu pour le ciel. »

Un tel langage était bien fait pour soulever les âmes et les porter à Dieu. Il eut semblé dès lors que, de l'admiration, tous devaient passer à la pratique; mais si justement appréciée que pouvait être la parole du prêtre, elle n'avait pas si facilement d'effet réel dans les mœurs.

Aussi, l'aumônier pouvait noter avec vérité que « le premier temps d'une entreprise dans les débuts d'une œuvre, c'est l'immensité de l'espérance et de l'ardeur. Le second temps entamé par elles touche souvent au désenchantement. » Il avait pu faire l'expérience que l'espace séparant ces deux temps est souvent très court; mais la claire vue des difficultés est le commencement du succès, quand on va sans présomption comme sans faiblesse, il suffit d'être patient, simple et vrai, et bientôt la voix de Dieu trouve écho dans un plus grand nombre de cœurs.

Visiter les casernes, examiner en détail l'installation de tous les services fut l'affaire des premiers temps.

Bientôt l'aumônier connut sa paroisse. Ses limites lui apparurent parfaitement tranchées. Il vit qu'elle était « bornée au nord par la prudence, au sud par la pa-

tience, à l'est par une grande miséricorde
et à l'ouest par un complet détachement de
soi. » Il remarqua qu'elle était· « coupée, en
tous sens, par des torrents que l'on traversait
sur de mauvaises planches ; çà et là l'on
rencontrait des fondrières où le pied enfon-
cerait aisément; enfin, sur les hauteurs, quelques volcans mal éteints jetteraient facilement
feu et flammes, pour peu qu'on grattât légèrement l'épiderme. Et pour ne point s'égarer
dans ce dédale, il n'y voyait qu'un fil conduc-
teur, tout petit, presque imperceptible, le
tact. »

Avec l'expérience de la vie militaire, il
était plus facile à M. Morancé qu'à bien d'autres d'assurer le succès de son ministère. Il
savait, qu'avant tout, l'aumônier devait s'appliquer à gagner l'estime et l'affection des
officiers et des soldats. Pour atteindre ce but,
il lui fallait, par une conduite en tout irréprochable, se montrer *Prêtre* toujours et partout, dans sa tenue, dans son langage, dans
ses manières dignes et affables. En évitant
l'obséquiosité envers les chefs et la camara-
derie avec les soldats, il sera l'homme de tous,
des supérieurs comme des inférieurs, sachant
d'ailleurs que les soldats sont la partie prin-

cipale de sa famille spirituelle. Bientôt, la confiance suivrait l'estime. Le soldat, voyant dans l'aumônier, non pas un chef et un censeur de sa conduite, mais un Père, un ami dévoué, donnerait aveuglément sa confiance et son affection.

Il en devait-être ainsi. La glace des premiers jours fut vite rompue et bientôt l'aumônier s'étonnait, autant qu'il en était touché, de la confiance et de la sympathie de ses paroissiens, après si peu de jours de connaissance. C'était dès le premier janvier 1875, qu'il le constatait au sortir d'une première soirée tout entière passée à l'infirmerie. Il se rendait non moins bien compte que bon nombre parmi les patients avaient « autant besoin de baume pour le cœur que de tisanes pour le corps. »

Aussi bien il fallait à ses casernes un enseignement particulier. « Au brin d'herbe ne demandez pas le parfum de la violette, ni la majesté du cèdre au petit roseau... »

Il convenait à M. Morancé de débuter dans cet enseignement par la *bonté* : « Enseignons la bonté », écrivait-il le 4 janvier. Il prêchait d'exemple, se rappelant le conseil de saint Paul : « Cherchez toujours les meilleurs dons, surtout celui de consoler les hommes. Ayez la science de tout être souffrant ou de corps ou de cœur. »

Pour arriver au cœur du jeune homme, au milieu des séductions qui l'obsèdent, des défaillances, des misères morales auxquelles il est exposé et des occasions qui le sollicitent, il faut s'incliner vers lui pour l'élever jusqu'à soi et lui dire avec force et douceur : « Mon ami, voici le bon chemin, comptez pour vous aider sur la miséricorde de Dieu, sur la bonté et le dévouement du prêtre.

La bonté est la clé du cœur. C'est par là que l'aumônier devient réellement le représentant le plus autorisé de toutes les idées et de tous les sentiments élevés du jeune homme. Il est le dépositaire des douleurs et des peines de chacun. On le vient prier de lire des lettres, d'y répondre... Pour les hommes d'une culture supérieure, il est prêt à tout comprendre, à tout pardonner...

Pour ceux qui déjà fatigués d'une vie que la religion n'adoucit pas encore et qui considèrent la caserne comme une prison, il est à la recherche du plus petit soulagement, il les soutient et les encourage, en remerciant « Dieu dont la miséricorde veut bien lui ouvrir une porte, si petite qu'elle soit, pour y faire pénétrer une bonne parole de l'Évangile. »

A côté du soldat se trouve l'enfant de troupe. Ce pauvre petit que la mort de ses proches ou leur dénuement envoie grandir et se développer à l'ombre des casernes, livré à bien des hasards, a besoin plus que tout autre, d'une main douce et forte pour le conduire. Rien ne lui manque des soins matériels, mais l'éducation du cœur, la science de l'âme, il faut un père pour cela Ce père lui était donné. Le service religieux des enfants de troupe était organisé, et fonctionnait pour la première fois le 18 février 1875.

La conférence devait avoir lieu dans le dortoir chaque jeudi avant la promenade Les enfants rangés autour de l'aumônier assis au pied d'un lit, écoutent avec attention l'explication du catéchisme, des paraboles et des miracles de l'Évangile. « Là, point de contradictions, ni d'oppositions *sans bonne foi;* Dieu entre tout doucement dans ces âmes d'enfant, pleines d'élan et de désirs, naturellement ouvertes aux beautés de la religion.

Ce premier jour s'adressant à l'un d'eux, M. Morancé lui demande :

Prosper, tu sais ta prière ?

— Ah! je sais *Notre Père...*

— Et *Je vous salue Marie?*

— Je fais des manques.

— *Je crois en Dieu?*

— Je fais des trompes.

— Tu ne sais donc rien par cœur?

— Rien.

— Tu n'a jamais rien appris?

Prosper hésite un peu, rougit légèrement et dit le plus naïvement du monde : *Je sais la fille de Madame Angot...*

Auprès des plus jeunes, comme auprès des aînés il y avait, on le voit, beaucoup à faire pour amener les âmes à la connaissance et à l'amour de Dieu. Enseigner la religion aux uns, la rappeler aux autres, la faire aimer à tous, c'est ce que voulait l'aumônier, car selon qu'il le disait : « La religion seule donne un sens aux mots magiques, de *gloire*, d'*honneur*, seule elle comble les aspirations de l'âme, l'éveille ou la ressuscite aux grandes choses, allie, dans un cœur de vingt ans, l'amour de la discipline avec la fière liberté et donne enfin le saint courage de la vie présente en garantissant l'espérance pour l'autre. » (1).

(1) Récits d'un Aumônier, t. I, p. 331.

CHAPITRE XVI

LES CONFÉRENCES. — LA MESSE. — L'INFIR-
MERIE. — LES LIVRES. — « UN RÉGIMENT DE
L'ARMÉE DE LA LOIRE », 2ᵉ ÉDITION. — LES
CANTINES.

Pour exercer parmi les hommes une action réelle, efficace, il faut pouvoir communiquer ses pensées par la parole ou par la plume ; il faut savoir convaincre, entraîner par la solidité de ses convictions, la rigoureuse justesse de ses raisons, et disposer à propos des ressources que nous offrent les sciences et l'histoire. Il faut parler au cœur, à l'âme et à la raison.

M. Morancé l'avait compris. Aussi chacune de ses conférences était préparée d'avance.

Les moindres avis étaient prévus; le petit plan du discours ciselé d'une main complaisante. Mais accoutumé à n'agir que d'après des ordres précis, le militaire ne fait rien de ce qui est laissé à son initiative personnelle. Aussi le nombre de ceux qui suivaient les conférences de l'aumônier était encore restreint. La messe n'était pas encore très connue des soldats; pour les y amener, il fallait les conquérir individuellement. L'assistance, il est vrai. croissait chaque dimanche et de bien disposés qu'ils étaient, beaucoup devaient devenir fervents.

Plus facile à l'infirmerie, l'action de l'aumônier y était aussi plus efficace. Dans ces salles où se trouvent réunies toutes les souffrances et t·utes les maladies, qui ne ferait bon accueil à la visite d'un ami? Chaque jour M. Morancé s'imposait la tâche de visiter les infirmeries. Il passait de longues heures au milieu de ses chers malades, distribuant aux uns et aux autres les paroles qui relèvent et qui fortifient.

En même temps qu'il les encourage et les console, il essaie de les instruire, et « d'amener sur eux les ondes pures dont parle l'Ecriture, que Notre-Seigneur a ouvertes, et qui cou·

lent toujours et pour tous, sous les palmiers de Siloë (1).

Il ne s'agit plus ici de discours ni de sermons, ce sont de simples conversations toujours pleines de piété, de variété et d'entrain Rien de froid, de monotone ou de lourd, les histoires édifiantes ou gaies trouvent leur place à l'endroit voulu. Supérieurement pourvu du don de l'a propos, sachant lancer le trait qui fait briller la pensée et la fixe dans l'esprit de l'auditeur, il possédait également l'art de provoquer la réponse juste, l'objection prévue, de diriger la conversation, de la contenir avec souplesse et fermeté; qualités éminentes rehaussées, chez l'abbé Morancé, par le travail et le désir de bien faire. S'il ne lui était pas donné de ramener tous ces hommes à la pratique religieuse, il savait tout au moins préparer ce retour en les familiarisant avec l'habit du prêtre.

L'aumônier, comme le docteur, connaît la force et la propriété de ses remèdes, il sait ce qu'il faut pour réveiller la foi, ranimer l'espérance, faire aimer Dieu et le devoir, mais il

(1) *Récits d'un Aumônier*. T. 1, p. 352.

ignore leur efficacité sur tel ou tel malade. Aussi avec quel soin il choisit le moment opportun, comme il saisit l'occasion ! Sur un clavier délicat, quelle minutieuse attention ne faut-il pas pour trouver la note juste ?

Des livres choisis, des notes manuscrites abandonnées au hasard dans les salles, devenaient pour M. Morancé de puissants auxiliaires. Et comme il se tourmentait pour trouver de bons livres... « Il faut, disait-il, de saines lectures dans les infirmeries. » Et pour appuyer son dire, il rappelait le mot de Montesquieu : « Il n'est pas de chagrin dont une heure de bonne lecture ne console. » Et cet autre d'un archevêque de Mayence : « Le cœur humain est comme la roue d'un moulin, si on lui donne du blé, elle l'écrase et en fait de la farine; si l'on n'en met point, elle tourne toujours, mais elle s'use elle-même. » A l'infirmerie, hélas ! les pauvres enfants lisaient tout ce qui leur tombait sous la main. Non seulement M. Morancé s'ingéniait à procurer de bons livres à ses chers malades, mais il faisait adroitement disparaître, ou obtenait même qu'on lui remit les mauvais.

« La détestable ivraie et la foule des mauvaises herbes étouffent souvent dans nos sil lons la belle orge que nous avons semée. »

Cette plainte du laboureur de Virgile faisait souvent retentir son douloureux écho dans le cœur de l'aumônier. Pour sarcler cette ivraie ou arrêter le développement des mauvaises plantes, il analysait, la nuit venue, les entretiens et les rencontres de la journée; puis le lendemain il laissait courir sur les tables des infirmeries, des chambrées, des cantines mêmes, ces résumés toujours agrémentés d'appréciations et de réflexions variées. Les notes manuscrites de l'abbé Morancé, si incomplètes qu'il les veut dire, n'en avaient pas moins un véritable succès. Non seulement on les lisait, mais on les copiait. Plusieurs entreprirent même de copier le livre de l'aumônier du 33ᵉ : *Un régiment de l'armée de la Loire* Les exemplaires manquaient, l'édition était épuisée depuis longtemps déjà, et tous voulaient avoir le récit de la campagne de leur aumônier.

L'abbé Morancé dut se résoudre à préparer une seconde édition de son ouvrage. Elle parut le 15 mars 1875. On y trouve « la même forme, la même diversité de récits, l'enchaînement des souvenirs, les contrastes, ces petits traits imprévus qui coupent le récit des batailles, ce mélange de sang et d'aimables propos, de larmes et de joie naïve C'est cette physionomie particulière qui a plu aux soldats et aux personnes étrangères à l'armée (1) ».

Cette seconde édition, il la dédia à ses frères d'armes en leur exprimant sa gratitude pour l'aimable accueil qu'ils avaient fait à la première. La presse du pays et celle de la capitale rappelèrent le succès du livre, annonçant en même temps la nomination de M. Morancé comme aumônier titulaire de la garnison du Mans. Datée du 22 février, cette décision ministérielle ne fut notifiée que dans les premiers jours de mars. Cette nomination était attendue avec une réelle impatience, tant étaient vives déjà les sympathies que le nouvel aumônier avait su se concilier au 4ᵉ corps.

Il n'était pas jusqu'aux cantines, ces endroits de la caserne si délicats, et vers lesquels son attention ne se portait pas sans inquiétude, dont l'abbé Morancé n'eut fait la conquête. Aux premières Pâques

____

(1) Préface de la deuxième édition.

passées à la caserne, M. le général de Bouillé, chef d'état-major, avait fait installer le service religieux du dimanche au manège d'artille- rie. Yves-Marie Plusquellec, l'ordonnance, avait orné l'autel de « deux magnifiques bou- quets de fleurs offerts par l'excellente famille V..., de Pontlieue ». Après la messe, par ordre de l'aumônier, ces fleurs étaient portées dans la plus ancienne cantine de la garnison. Il en fut de même les dimanches qui suivi- rent. A partir de ce jour, l'ombre des cantines ne devait plus assombrir la route de l'aumô- nier. »

Qu'il faut peu de chose pour changer les dispositions des hommes ! Il n'y avait pas un an que l'abbé Morancé était à la caserne, et ces cœurs qu'il croyait tournés vers le nord se réchauffaient à la douce haleine de la foi. La sombre humeur et l'étonnement des pre- miers jours avaient fait place au sourire accueillant.

« Avec l'aide d'en haut, les situations les plus délicates trouvent, sans qu'on sache comment, une solution heureuse. »

Dieu a toujours son heure !

CHAPITRE XVII

Sous la main des ouvriers du génie, les
murs vieillis de la caserne du 31ᵉ, — aujour-
d'hui caserne *Cavaignac*, hier encore *la
Mission*, — reprenaient un nouvel aspect de
jeunesse. Les restaurations entreprises devaient amener la transformation de l'ancien
Coëffort. La grande salle bâtie par Henri II
Plantagenet, comte du Maine, roi d'Angle-
terre, en expiation du meurtre de saint
Thomas de Cantorbéry, allait être appropriée
pour servir de dortoir et d'écurie. Composée
de trois nefs, séparées par deux rangs de
colonnes légères soutenant une voûte élé-

gante, cette salle servant jadis d'hôpital,
avait été transformée en église au xiiie siècle.
L'architecture extérieure et particulièrement
le portail occidental appartient au style
roman, tandis que tout l'intérieur est du
plus pur gothique (1). L'abbé Morancé avait
rêvé de soustraire ce monument à la mutila-
tion en le réclamant pour être affecté au
service du culte. Il fit part de son désir au
général Deligny. Des démarches prélimi-
naires furent favorablement accueilles aux
ministères des cultes et de la guerre. Il fallait
l'avis de l'évêque du Mans. Mgr d'Outremont

(1) Le Paige, *Dict. du Maine*, t. I., p. 219.
Pesche, *Dict.* t. II., p. 52.

Annuaire de la Sarthe, 1826. Notice sur les établissements
de charité du diocèse du Mans, par Th. Cauvin.

Les Séminaires du Mans par M. Frédéric Pichon, *Semaine
du Fidèle*, t. XVI.

Ce fut Mgr de Tressan (1671-1712), qui établit à Coëffort le
séminaire diocésain et fit construire les bâtiments actuels.
Après la Révolution on y installa la gendarmerie, une com-
pagnie de vétérans et le dépôt de mendicité (4 mars 1816).
Le 15 avril 1816 Mgr de Pidol acceptait l'ancienne abbaye
Saint-Vincent en échange des bâtiments de la Mission.
Une ordonnance du 6 mai autorisait définitivement cet
échange.

Semaine du Fidèle, t. III., p. 370. L'auteur de l'article :
« Notre-Dame de Coëffort » réclamait dès cette époque la
restauration de l'antique église.

aurait désiré profiter de la circonstance pour créer une nouvelle paroisse. L'affaire fut traînée en longueur et ne put aboutir... Le ministère de la guerre pressait l'exécution des travaux projetés... Les démarches de l'abbé Morancé demeurèrent stériles, et l'antique église de Coëffort qu'il se plaisait à étudier dans ses moindres détails, sert encore aujourd'hui de dortoir et d'écurie.

Un autre projet réservait un plus heureux résultat à son auteur. Le 16 juin (1875) devait avoir lieu la seconde procession de la Fête-Dieu. Sur la demande de l'aumônier du IVe corps, il fut convenu qu'un reposoir serait dressé dans la cour de la Mission. Cette entreprise fut un véritable succès pour l'abbé Morancé. Les journaux *la Sarthe*, *l'Union de la Sarthe*, *l'Union* de Paris nous ont conservé le compte-rendu de cette fête.

« Le fond de la cour de la Mission était occupé tout entier par une large redoute, formée de fascines, de sacs-à-terre portant dans ses embrasures d'énormes canons de siège.

« Au-dessus des fascines étaient rangés de hauts sapins, arrêtant la vue et couvrant le premier étage du bâtiment central. Au milieu de l'autel, bravement posé sur deux rangées de tambours, les candélabres formés par des baïonnettes, réunies et courbées ; sous l'horloge une immense panoplie de sabres de toutes formes, qui resplendissaient au soleil ; des cercles brillants de casques, de pistolets, des mortiers au pied de l'escalier, des canons de campagne au sommet ; sur chaque marche des bombes dont le calibre diminuait en approchant du haut. Toute la cour sablée, divisée en dessins réguliers, bordés de petites pousses de sapins, remplaçant le buis. Au centre un massif de plantes, qui paraissaient avoir poussé là en pleine terre, arrosées d'ailleurs par le jet continuellement jaillissant d'un vaste bassin cimenté, sinon creusé exprès pour la circonstance. »

Des deux côtés de la cour, deux séries de canons rangés en batteries avec leurs servants.

Monseigneur d'Outremont donna la bénédiction et après la cérémonie s'approcha des officiers et les félicita chaleureusement de leur chef-d'œuvre.

La pensée de célébrer la messe régimentaire à ce beau reposoir, était toute naturelle, c'était le vœu de l'aumônier. Mais dans ces conditions grandioses, il fallait une assistance plus considérable que de coutume; comment la former?

Là était la difficulté. Le piquet d'honneur, c'est beau, et pour la messe du dimanche chaque soldat était enchanté d'en faire partie, mais c'est commandé.

L'abbé Morancé se rend d'abord chez M. le colonel du 31ᵉ qui accueille volontiers son projet. De retour à la caserne, il va droit aux cantines. C'était l'heure de la soupe ; tous les sous-officiers s'y trouvaient réunis.

« Mes fils, leur dit l'abbé Morancé, je viens vous demander un conseil...

— Un conseil! Monsieur l'aumônier veut rire,.. »

— « Mais oui, un conseil ! et vous allez me le donner amicalement. Je voudrais dire la messe militaire au reposoir, qu'en pensez-vous ?

— « Par exemple ! s'écrie l'aîné, le chef de la *popote*, mais vous êtes seul juge et maître, en qualité de chef du service religieux...

— « Je le sais bien. Mais si je célèbre la messe en plein vent la curiosité amenera, comme vous le supposez facilement, beaucoup de monde ; la place de la Mission sera couverte ; il y aura des curieux sur les toits et si dans la grande cour, je n'ai derrière les piquets d'honneur que mon assistance ordinaire, ce sera maigre...

— « On vous voit venir, Monsieur l'aumônier, vous voulez toute votre famille militaire...

« — Eh bien ! oui, tous mes enfants. .

« — Nous y serons tous, Monsieur l'aumônier ! »

Et sans être commandés tous vinrent, et la grande cour de la Mission fut remplie.

C'est toujours pour tout esprit, simplement judicieux, un grand et imposant spectacle que l'auguste sacrifice de nos autels, mais lorsque la messe est célébrée en plein air, dans telle ou telle circonstance particulière, les grands mystères qu'elle évoque revêtent une solennité et une sublimité plus majestueuses. Sur le reposoir de la Mission, comme sur le Golgotha, des troupes en armes sont rangées autour de la victime sainte, mais des paroles d'amour et d'adoration remplacent les blasphèmes et les outrages : nul soldat ne songe à tourner ses armes contre le Christ, il les incline au contraire devant le divin crucifié. Un frémissement saisit tous les specta-

teurs lorsqu'au moment de l'élévation, les
tambours battent aux champs, les trompettes
sonnent la marche annonçant à la terre que
la sainte victime est descendue sur l'autel !
Tous s'inclinent ; les généraux courbent
leurs fronts, les soldats présentent leurs
armes et mettent genou en terre.....

Cette journée compta parmi les plus heu-
reuses du pieux aumônier. Il ne savait comment rendre sa joie, et exprimer ce que son
cœur gardait d'affection et presque de gratitude pour ses chers sous-officiers, auxquels
revenait une grande part de son succès.

M. Morancé avait fait leur conquête. C'était
là, comme il le disait, un point important.

« Les officiers, qui habitent en ville,
retournent chez eux après les exercices auxquels ils ont présidé, et la direction des
casernes, la discipline intérieure appartiennent tout entières aux sous-officiers, aux
heures libres du soldat. » S'assurer leur bienveillance et par là leur concours était le but
de l'aumônier. Après s'être bien rendu compte
de la situation, il alla vers eux « avec une foi
aimante, tempérée par la charité, et Dieu qui
permet qu'en cherchant bien on trouve toujours un peu de quoi le bénir, échelonna vite

des amis dans toutes les batteries, dans toutes les compagnies ménagea d'incroyables rencontres de bienveillance subite. Sans doute quelque beaux rêves du pauvre aumônier n'ont été que des illusions; mais il est des e-pérances qui ont pris figure réelle et vivante. Combien, au départ de la classe, serrant fortement contre leur vaillante poitrine, le vieil ami auquel ils donnaient le nom de Père, ne lui ont dit adieu qu'au travers de leurs larmes (1). »

Ainsi s'acc,ntuait davantage à chaque occasion, l'action bienfaisante du prêtre au milieu des soldats. Encore que ses moyens d action fussent des plus restreints, l'aumônier n'en constatait pas moins de consolants résultats. « L, patience à l'intérieur et la bonne volonté tout autour étaient ses seuls adjoints. » Si « l'important, comme il le disait, n'était pas de faire tout ce qu'on veut, mais tout ce qu'on peut prudemment tenter et de ne le dire qu'à Dieu, en déposant à ses pieds le témoignage de ses efforts », il avait encore à relater dans un *rapport trimestriel* l'état du

<hr>

(1) *Récits d'un Aumônier mil.*, t. II, p. 8 et 9

fonctionnement de l'aumônerie au siège du 4ᵐᵉ corps. C'est la constatation officielle des efforts tentés et des résultats obtenus.

« Depuis son organisation, l'œuvre militaire a vu son action s'étendre et se propager.

« N'ayant à ma disposition aucun local spacieux où je puisse réunir les soldats, je m'efforce d'aller vers eux, semant la bonne parole à la volée, et suppléant par la cordialité de mes rapports quotidiens à ce qui manque à mon ministère.

« Je les visite chaque jour, passant plusieurs heures dans les casernes sans jamais entraver le plus léger détail du service, essayant d'exercer une attraction bienfaisante pour élever les cœurs et les faire résister aux dangereuses sollicitations qui les entourent.

« Quelques bons résultats m'ont encouragé dans ces fonctions délicates, de création encore récente, et mes visites sont bien accueillies. Beaucoup d'hommes que je rencontre dans mes courses saluent et s'arrêtent avec un air d'affectueuse connaissance. J'ai la satisfaction d'avoir rendu un peu de courage à quelques jeunes hommes. Plusieurs de la

2me portion du contingent, en particulier, qui paraissaient plus tristes et pensaient davantage au pays, ont repris une gaieté de bon augure depuis qu'ils fréquentent assidument ma maison.

« Quelques-uns m'ayant confié leur argent, viennent en chercher selon leurs petits besoins et ne font plus de folles dépenses.

« Bon nombre viennent le soir chez moi, y rédigent leurs correspondances et jouent.

« Beaucoup de Messieurs les adjudants et sous-officiers sont aussi venus le soir causer et demander conseil.

« Quelques familles, prévenues sans doute par leurs enfants du bon accueil reçu, auquel ils ont si bien droit, m'ont exprimé par écrit leur gratitude.

« Pesant la responsabilité de l'œuvre qui m'est confiée, et ne pouvant agir d'après les règles d'un ministère ordinaire, je vis au milieu des soldats, m'efforçant de tirer le parti que je puis des moyens qui sont à ma disposition. »

Ce rapport était le deuxième demandé à l'aumônier. Il porte la date du 2 juillet 1875. Le rapporteur n'y a voulu tracer que les grandes lignes de son action. A peine est-il fait allusion à l'influence, aux confidences, aux relations intimes, que provoquent et font naître l'estime, la confiance et l'affection. Ces résultats étaient atteints déjà cependant, car « l'aumonier rapproche les cœurs, on peut tout lui confier, il est père. »

CHAPITRE XVIII

PATIENCE. — LA SALLE SPÉCIALE A L'INFIR-
MERIE. — LES DANGERS DE LA RUE. — LES
RÉUNIONS DU SOIR CHEZ L'AUMÔNIER. — UNE
PAGE SUR LA FOI.

Une source d'espérances pour l'aumônier militaire c'est de voir « dans les casernes, tout ce qui vit, tout ce qui résiste, tout ce qui grandit pour le bien, vivre, subsister et grandir par la seule et unique force du bien. » Que serait-ce donc au jour où l'action du prêtre pourrait s'exercer complètement et avec le concours de tous ?...

Sans fermer les yeux sur les grandes misères, l'aumônier ne voulait pas ravager le champ par trop de hâte à détruire cette ivraie que le Père de famille veut bien laisser croître jusqu'à la moisson. Pour l'heure, « tenir dignement sa situation auprès des grands, être l'ami des petits, et prendre patience, » était la seule ligne de conduite de l'abbé Morancé et l'unique secret de son influence. « La patience, disait-il, est la rosée qui fait germer les âmes et donner leurs fruits. Ne nous déconcertons pas. Une once de patience, disait le cardinal Bellarmin, vaut mieux qu'une livre de victoire. La patience est le vrai remède des maux de ce monde et saint Clément dit qu'elle nous procure tout bien. *Omne bonum patientia nobis suppeditat.* » Son rôle n'était autre que « le combat dans la patience. »

On savait comprendre cette attitude modeste et réservée du prêtre, en même temps qu'on appréciait grandement la vraie simplicité avec laquelle il agissait, et la droiture d'intention qui dirigeait toutes ses démarches.

Droit et adroit, prêt à tout oser, à tout entreprendre sans sortir de la discrétion, et de la délicatesse qui conviennent à une telle œuvre, l'aumônier du 4me corps pouvait sembler hardi à certains de ses amis qui s'effrayaient pour lui de ses entreprises et de son excessif travail. « Si mes journées sont laborieuses, répondait-il, si je ne dois connaître que par l'espérance les fruits de la terre promise, qu'importe ! Au moins ne travaillant point pour moi, je n'aurai rien entrepris, rien demandé, rien souhaité, rien rêvé, sans ajouter aussitôt du fond de l'âme : *Fiat voluntas tua... Non nobis, Domine, non nobis, sed nomini tuo da gloriam* » (1).

Il est à l'infirmerie une salle qu'on appelait alors la salle *spéciale*. Elle était située « au fond à droite, tout à fait en haut. »

L'attention de l'aumônier était éveillée de ce côté. Il hésitait, et avant de s'occuper d'une catégorie de jeunes gens dont on ne peut même pas nommer la maladie, son esprit et son cœur, dit-il, s'étaient livré un vrai combat.

Le cœur a des raisons que l'esprit ne devine pas, et le cœur était bon juge. « Ces jeunes gens qui, après avoir servi le pays le continueront un jour, et qui sont les pères de famille de demain quoique tombés », la prudence lui conseillait-elle de les abandonner ? Il ne le

(1) *Récits d'un Aumônier militaire,* t. II, p, 27.

pouvait croire... Il se rencontrait ainsi dans la vie de l'aumônier des circonstances où sa sagesse se trouvait en détresse. C'étaient les *cas réservés* de sa *mission,* disait-il.

Il était allé. C'était le devoir. Là, comme dans les autres salles, il avait pour chacun et pour tous un mot aimable, une parole affectueuse. Il rappelait aux uns les austères obligations de la vie, aux autres les saintes lois de l'honneur.

Assis pendant une heure près du lit de D. D..., « qui a grand peur de ne pas guérir », il lui fait « comprendre tout ce qu'il y a dans le libertinage d'énervant et de corrupteur, et comment le plaisir porte en soi une mort lente, silencieuse et cachée. » La grâce et la Foi rentrent dans ce cœur égaré et des larmes abondantes en marquent le repentir.

Chers et biens aimés jeunes gens, suivez les avis du ministre de Dieu, n'arrêtez pas la vie en vous. Laissez croître vos forces et se fortifier vos corps. Gardez dans vos veines un sang vital et généreux. La famille, la patrie, Dieu lui-même, vous le demanderont peut-être un jour !

Si le zèle est une obligation pour le prêtre, il est aussi bien souvent une souffrance.

Depuis quelque temps l'abbé Morancé voulait inaugurer les réunions du soir. De nombreuses requêtes pour obtenir un local *ad hoc* étaient demeurées sans réponses. Sa maison dut servir de lieu de réunion, car c'était là, entre les mains de l'aumônier, un puissant moyen d'action. Tout retard apporté à l'installation de cette œuvre marquait un temps d'arrêt dans la marche du bien. Il savait du reste combien sont nombreuses les séductions que le vice exerce et les pièges qu'il tend à d'innombrables victimes ! « C'est à la chute
« du jour, dit la Sainte Écriture, au milieu
« des vapeurs nébuleuses de l'ombre de la
« nuit que la volupté sort de chez elle, portant
« les parures d'une courtisane et prête à
« perdre les âmes, elle va errant et cherchant
« des victimes. Elle tend ses pièges sur les
« places publiques ou à l'angle des rues...
« Par ses artifices, elle s'empare du jeune
« homme, et il la suit comme un agneau
« lascif qu'elle va jeter dans ses chaînes.

« O mon fils, ajoute le texte sacré, ne va
« pas sur le chemin fatal où elle veut te con-
« duire. C'est la volupté qui a blessé et ren-
« versé les braves ; elle a frappé à mort les
« héros. Les chemins de sa maison sont ceux

« de l'enfer, et ils mènent aux profondeurs
« de la mort » (1).

Quand l'Écrivain inspiré de Dieu traça ce
portrait du vice, ne croirait-on pas qu'il le
voyait dans nos grandes villes plutôt qu'à
Jérusalem ? Les chemins qui conduisent au
mal y sont, de nos jours surtout, larges et fré-
quentés, et notre génération engloutit dans
ce gouffre les richesses de la patrie, les vertus chrétiennes, les trésors de l'esprit et du
cœur.

Comment arracher à cet entraînement tant
de jeunes soldats exposés, chaque soir, à toutes
les séductions de la rue et du cabaret, sans
règle pour leurs pensées, sans autre frein
pour leurs actions qu'une discipline extérieure, à laquelle il est souvent trop facile
d'échapper ? En les réunissant chez lui l'abbé
Morancé voulait dans la mesure du possible,
aider la bonne volonté des uns, procurer un
délassement profitable aux autres, soustraire
le plus grand nombre aux déplorables influences du vice et de la corruption.

Sous-officiers et soldats se donnaient ren-

(1) *Proverbes*, chap. VII, v. 9 et suiv.

dez-vous chaque soir chez l'aumônier. De six à dix heures sa maison était remplie. En face du nombre toujours croissant de ses habitués, l'abbé Morancé tenta de nouveaux efforts pour obtenir un local répondant aux nécessités d'une telle œuvre. Sa bonne volonté se heurta à de nouvelles difficultés.

Il semblerait cependant que le cœur animé du désir de bien faire dût trouver toujours la sympathie et le concours universels. Cela devrait-être ; le plus souvent c'est le contraire qui a lieu. La seule chose à faire alors, écrivait l'abbé Morancé, est de rester irréprochable, prudent, et d'agir sous la protection de Dieu, avec énergie et un silence profond a l'égard de ceux qui n'ont pas notre manière de voir.

L'œuvre entreprise demeura ce qu'elle était au début, gardant pour siège l'étroite maison de l'aumônier. Chez lui, mieux encore peut-être que dans les casernes, les infirmeries et les chambrées, c'était merveille de le voir se faire tout à tous, avec un abandon plein d'une bienveillance inaltérable.

Cette bonté suave qui n'excluait pas au besoin la fermeté, séduisait les plus indifférents. Ce mélange habituel de tendresse et de force, de patience et d'entrain, lui gagnait l'estime de tous ceux avec lesquels il avait quelques rapports. Indulgent et dévoué pour tous, on sentait vite dans les ardeurs de son entretien toutes les fièvres de sa charité.

Il fallait l'entendre soutenir une controverse avec les dévoyés de l'incrédulité et du vice, donner des conseils à ses fils, s'entretenir avec eux de leurs espérances et de leurs peines ! Aussi son ascendant sur ses soldats était considérable. Lorsqu'il apprenait que l'un d'entre eux chancelait, il le prévenait si paternellement, par toutes sortes d'avances, qu'il ne tardait pas à gagner son cœur et à le ramener.

Il en était parmi eux qu'il aimait davantage parce qu'ils lui avaient donné plus de peine à conquérir.

« Par exemple : Le petit maréchal des logis à chevelure blonde et bouclée, au regard ouvert et quelque peu frondeur, remplissant les fonctions de chef à telle batterie, venait chaque matin depuis une quinzaine de jours faire signer le rapport à son capitaine dans la rue de l'aumônier à l'heure où celui-ci rentrait de dire sa messe. Ils se croisaient, et notre homme avait un petit air assez décidé à ne point dire bonjour. Il frisait les poils naissants de sa moustache qu'un peu d'art faisait paraître aussi vieille que ses galons... et passait...

Cela arriva une fois, deux fois, dix fois... Le dixième jour, l'abbé Morancé l'arrête doucement en lui mettant la main sur l'épaule.

— Mon ami, nous nous rencontrons trop souvent pour ne pas nous dire bonjour... Comment cela va-t-il?...

Il devint rouge comme son collet et ne répondit pas.

— Moi, cela va très bien, reprit M. Morancé, je vous remercie beaucoup..., vous êtes bien aimable..., et vous, mon fils?...

Se tournant vivement du côté de son interlocuteur : « Ah! Monsieur l'aumônier, s'écrie le jeune homme, je suis vaincu par tant de bonté... Si je suis malhonnête, je suis plus lâche qu'un autre..., car ce que je sais, je le dois au prêtre de ma paroisse... Sans lui, je ne serais pas maréchal des logis... »

Et cet enfant devint l'ami du cœur, l'ami fidèle, en qui l'aumônier pouvait se fier pleinement.

A côté de certaines déceptions, c'était une consolation pour l'aumônier d'enregistrer ces sortes de conquêtes.

Les moins bien disposés d'ailleurs venaient maintenant vers lui sans défiance avec leurs doutes, leurs préjugés et leurs fautes, assurés d'avance que leur aumônier comprenait leurs aspirations, compatissait à leurs faiblesses et cherchait à leur rendre plus léger le joug de la discipline militaire. Tous ces jeunes gens, trop souvent détournés du devoir et de la religion par leurs préventions et le respect humain, l'écoutaient avec enthousiasme discuter leurs théories, répondre à leurs objections avec autant de bonne grâce que de fermeté.

A propos d'une lecture prise au hasard, tantôt dans Bossuet, tantôt dans Châteaubriant, dans Montaigne, voire même dans Michelet, etc., etc.. l'abbé Morancé trouvait le moyen de traiter les plus hautes questions de la religion, montrant les véritables progrès de l'humanité et les saines libertés de nos sociétés modernes inséparables de l'autorité de l'Église et du règne du christianisme. Tel soir, en lisant *Silvio Pellico* et le discours sur les devoirs des hommes, il leur faisait saisir et admirer cette douce philosophie qui conduit si facilement à la Foi, qui seule nous apprend l'art d'être heureux en étant sage. Les questions et les objections se pressaient vives et intelligentes, les réponses toujours convaincantes. Ainsi pénétrait ou se réveillait, dans ces âmes charmées et convaincues, la semence long-temps rejetée ou endormie de la Foi.

« La Foi, disait l'abbé Morancé, c'est le vrai maître de la vie.

« Elle seule a créé, elle seule a répandu, elle seule a affermi la science de la vie. Elle montre que ce que nous appelons la vie n'est qu'une ébauche, n'est qu'un prélude de la vie véritable ; que ce qu'il y a de vie dans ces années mortelles ressemble à ces notes déta-chées, égarées, qui précèdent un concert, et que l'artiste ne tire des cordes sonores que pour essayer l'instrument ; mais que l'hymne de la vie ne retentit qu'au-delà de ce monde, dans une terre nouvelle que la mort ne visite plus.

« Elle montre que les jours de cette mor-talité cachent bien plus la vie qu'ils ne la révèlent, qu'ils sont comme un sol d'hiver qui garde la semence et qui en nourrit le germe ; que le tombeau qui nous paraît l'é-teindre est comme la pierre qui recouvre la naissante et invisible tige d'une robuste plante. Le jour où elle l'atteint, elle la soulève, l'écarte et salue le soleil qui déploie ses feuilles, épanouit ses fleurs, réjouit et anime toute sa végétation.

« Elle montre que la tombe, qui paraît l'ennemie si implacable de la vie, ressemble à ces gouffres souterrains dans lesquels se jettent parfois les fleuves, non loin des glaciers qui les engendrent. On les croit engloutis et à jamais perdus. Mais bientôt, à l'autre flanc de la montagne, on voit l'eau sortir de terre plus belle, plus limpide, enrichie de nouvelles ondes recueillies dans les entrailles de son obscure prison.

« Elle montre enfin l'image de la vie dans ce grand fleuve qui, depuis six mille ans, cache sa source au fond des extrêmes déserts, où tous les voyages et toutes les explorations ne l'ont pu découvrir. Il coule à travers les sables, puis à travers les tombeaux rangés sur ses rives. Arrivé au terme de sa course, il rencontre d'immenses bancs de sable amoncelés pour lui barrer le passage. Cependant le fils puissant du désert pousse ses larges flots, il perce, par sept ouvertures, le vain rempart dressé devant son cours et va s'épanouir dans cette mer magnifique qui divise les trois continents de l'ancien monde.

« Ainsi la vie de l'homme a ses origines dans des mystères qu'il ne peut sonder. Elle prend son cours à travers les sables et les tombeaux, c'est-à-dire à travers la poussière des choses et la poussière des hommes. La mort et la tombe se présentent pour l'arrêter. Elle les perce de son flot vigoureux, s'élance au-delà de la barrière vaincue et va s'épanouir dans l'océan de l'éternelle vie.

« Voilà ce que la Foi dit à l'homme de la vie. »

Au jeune soldat qui défend la patrie, la Foi, par la bouche du prêtre, tient cet admirable langage :

« Va, mon fils, ne crains rien, cette pluie de fer et de feu n'atteindra pas ton âme. Ton sang sera fécond, il te décorera, il t'ennoblira, il pèsera avantageusement dans la balance des infinies justices. Mourir pour le devoir, c'est mourir avec gloire, c'est cueillir les palmes du martyre, c'est échanger les douleurs d'une vie précaire contre les joies pures et sans fin. *Vita mutatur non tollitur.* N'aie pas peur des divines colères. Si les imperfections ou les fautes les avaient provoquées, aie confiance ! Le sang de Jésus-Christ, répandu pour toi sur l'autel, abrègera les jours de l'expiation, il ne tardera pas à t'ouvrir les portes de l'éternelle vie!... » (1)

Quelle salutaire influence sur le cœur du soldat, écrivait l'abbé Morancé, si ces paroles étaient gravées en tête de sa théorie! Quelle force sur le champ de bataille, quel courage contre les horreurs de la mort dans ce dogme de l'immortalité de l'âme, de la résurrection du corps et de la récompense!

L'ennemi de Dieu et des hommes avait séparé en France les travaux héroïques de l'armée et du sacerdoce; la loi sur l'aumônerie militaire avait opéré la jonction des deux grandes puissances qui disposent des destinées humaines : la puissance des principes et la puissance des armes.

S'il en était demeuré ainsi, nous aurions pu marcher avec confiance vers l'avenir. La France eût retrouvé une armée forte et disciplinée, car la religion, mieux que la crainte, sait inspirer à son heure l'héroïsme, et, chaque jour, l'amour de la discipline et de la vertu.

(1) *Récits d'un aumônier militaire*, t. II, p. 39, 240.

CHAPITRE XIX

LE GÉNÉRAL DELIGNY. — LES GRANDES MANŒU-
VRES DE 1876. — Mgr LE DUC DE NEMOURS.
LES MESSES MILITAIRES. — LE DINER CHEZ LE
MARÉCHAL PRÉSIDENT DE LA RÉPUBLIQUE. —
L'HOPITAL DE VERNEUIL. — LA PRESSE.

L'apostolat de la jeunesse est de nos jours, la mission la plus précieuse, la plus nécessaire.

L'abbé Morancé était merveilleusement doué pour la remplir. Il convenait aux jeunes gens, il était fait pour les soldats ; il en avait les nobles instincts, les hardiesses généreuses, et surtout il savait parler un langage qui leur allait droit au cœur. Il appropriait ses causeries aux aspirations de ces jeunes hommes, à leurs besoins, aux travaux habituels de leur vie.

S'il avait fait la conquête des soldats et des sous-officiers, M. Morancé s'était en même temps gagné la sympathie et l'estime des officiers, et tout spécialement du général commandant en chef le 4ᵉ corps, le général Deligny.

Cet homme tout d'une pièce, sans compromis ni ménagement, l'aumônier apprenait chaque jour à le connaître et l'on ne pouvait le connaître sans s'attacher à lui.

Il dirigeait son corps d'armée sans se laisser voir beaucoup, et partout l'on sentait sa puissance d'organisation.

Aucun homme n'appréciait mieux le prix du temps et ne savait mieux l'employer. Homme de volonté déterminée par un grand amour de son noble métier des armes, en Afrique il avait étendu les limites de la patrie et de la civilisation ; au 4ᵉ corps, il avait conquis tous les esprits. Cœur capable, alors comme au printemps de sa carrière, des élans de bravoure les plus généreux, esprit didactique, se portant d'instinct à son sujet par la méthode la plus simple, il devenait le plus charmant conteur quand on pouvait amener la conversation sur les hauts plateaux de la Kabylie ou sur les bords de la Mina. Avec quelle émotion n'écoutait-t-on pas sa verve originale, claire, vivante. Il commandait, comme il agissait, avec une autorité entraînante. On sentait avec quelle ardeur tout jeune, et sous le coup d'un immense deuil qui lui montra la vie sous son aspect austère, il s'était lancé dans les solitudes de l'Afrique.

Ame forte et intrépide, esprit large et délié, le général connaissait tous les ouvrages des grands maîtres ayant trait à la guerre et les analysait avec un art magnifique.

Une conversation sur des sujets vulgaires le fatiguait visiblement ; mais dans les questions de civilisation, d'économie sociale, il était chez lui. Seulement il fallait le suivre, et quand il reprenait haleine, donner par un mot juste, la preuve qu'on le comprenait (1).

C'est l'abbé Morancé qui a tracé lui-même ce portrait de son général.

M. Roger de Beauvoir l'a complété.

____

(1) *Récits d'un Aumônier militaire*, t. II, p. 47, 167.

Le général Deligny avait gagné ses épau-
lettes de capitaine à Isly.

« A Metz, en 1870, il commandait l'hé-
« roïque division des voltigeurs de la garde.

« **Entre** ces deux dates, toujours guerro-
« yant, **en** Afrique et partout où furent enga-
« gées nos armes, il fut sans cesse à la
« peine, au danger, et acquit un renom de
« valeur et de mérites militaires qu'il a justi-
« fié par les plus éminents services. Il a laissé
« des souvenirs vivaces chez tous ceux qu'il
« a commandés, auprès desquels il a com-
« battu, et la haute et universelle estime
« dont il jouit dans l'armée, et qui l'a accom-
« pagné dans la retraite, dit assez ce que fut
« ce soldat, dont la modestie a toujours égalé
« la bravoure.

« Il se signala particulièrement dans les
« expéditions de la Grande-Kabylie ; ses états
« de service sont pleins de citations à l'ordre
« du jour, d'actions d'éclat, de glorieuses
« blessures.

« Après la capitulation de Bazaine, il fut
« prisonnier à Munster. Là, il écrivit une
« brochure : *Le Siège de Metz*, qui eut du
« retentissement.

« Après la guerre, le général Deligny fut

« appelé au commandement du 4ᵉ corps au
« Mans (1) ».

Très peu communicatif, vivant un peu isolé,
le général recherchait volontiers la société de
l'aumônier. L'abbé Morancé trouvait toujours
près de lui beaucoup d'ouverture et de bienveillance et allait à lui avec respect, mais sans
effort et sans crainte.

Le prêtre et le soldat s'estimaient mutuel-
lement et s'étaient voué un attachement
réciproque. Le général savait apprécier le
dévouement et la vertu du prêtre ; l'aumônier
les nobles qualités de son général. L'abbé Morancé était de toutes les réunions officielles,
de toutes les invitations. Le général y donnait
à son aumônier la place d'honneur et le com-
blait de prévenances en toutes occasions.

On le vit bien, du reste, lors des grandes
manœuvres exécutées en 1876 par le 4ᵉ corps.
Sur la demande expresse du général Deligny, l'abbé Morancé dut y assister.

(1) « Depuis plusieurs années le général Deligny a quitté
le service actif. Il habite aujourd'hui sa campagne de la
Goupillère, tout près de Ballan, le pays où il est né. »
Union de la Sarthe, 17 septembre 1886. Le *Général
Deligny*, par M. Roger de Beauvoir.

Partis du Mans le 3 septembre, le général, MM. les officiers supérieurs et l'aumônier arrivaient en gare de Verneuil, à 11 heures du matin. Reçu par M. le comte de Barrey, maire de la ville, le général en chef après avoir passé la revue du 17e bataillon de chasseurs, monta dans sa calèche, où il donna place au maire de Verneuil, à M. l'abbé Morancé et au colonel Fabre, chef d'état-major général (1).

Le quartier général fut établi au château de Marmousse.

L'aumônier y logeait, vivant chaque jour à la table du général en chef, où se rencontraient toutes les distinctions et les célébrités du noble métier des armes.

Il suivait toutes les opérations militaires dans la voiture du général, étudiant avec soin les points de manœuvres importants, marqués par lui au crayon bleu sur des cartes spéciales.

Au cours de ses excursions, l'abbé Morancé rencontra un jour Monseigneur le général duc de Nemours au milieu d'un groupe d'offi-

(1) Voir *La Sarthe*, no du 5 septembre 1876.

ciers, sur une hauteur d'où l'on observait parfaitement le mouvement des troupes. Demeuré seul avec le prince, la conversation s'engagea sur Le Mans, sur Mgr Bouvier, que le duc de Nemours se rappelait avoir rencontré chez son père, le roi Louis-Philippe. Ayant remarqué la bienveillance que le général en chef témoignait à l'aumônier du 4e corps, le duc voulut en savoir la raison.

— « Quel est votre secret, dit-il, à l'abbé Morancé pour vivre dans cette intimité à l'hôtel du grand commandement... ?

— « Tout mon secret, Monseigneur, répondit le bon aumônier, consiste à savoir me tenir à l'écart, dans une grande réserve, dans une absolue discrétion, et à me retirer à temps... »

Chacun savait au reste que le *prêtre des soldats* ne recherchait aucune influence et ne poursuivait aucun avantage... il avait « le sentiment de sa faiblesse », demandant à Dieu de le faire s'oublier lui-même, pour penser « davantage aux âmes si abandonnées, si découragées, si faibles, si trompées, si attirées vers le bonheur et si souffrantes... »

Gagner des âmes à Dieu était la seule ambition de ce prêtre « au cœur d'or », le soin des âmes sa première préoccupation.

C'est ainsi que, même pendant les manœuvres, il organise la messe militaire. Le 10 septembre, l'église de la Madeleine de Verneuil était remplie de soldats.

Ce fut un spectacle imposant que les mots sont impuissants à peindre : « Les échos du temple frisonnaient aux mâles accents de la musique guerrière, — le cliquetis des armes et les sons argentins de la sonnette, — la flamme des cierges et l'étincelle des glaives, — l'ornement blanc du prêtre et les brillants uniformes des soldats, — la bannière du Christ-Sauveur et l'étendard des régiments, — l'encens et les parfums de la poudre, — ces hommes debout autour de l'autel, hauts et droits, sous les statues des saints, immobiles comme eux, — et sous les képis cranement portés, des regards doux et bons; — enfin, au moment solennel, l'épée s'élevant devant la croix, et la voix de l'officier qui crie : *Portez armes! présentez armes! genoux terre!* dominant la voix du prêtre qui vient de faire descendre Dieu sur l'autel... Tout cela est grandiose... Toutes ces oppositions pleines d'harmonies, remplissent le cœur d'émotion, d'espérance, élèvent l'âme dans un monde meilleur que notre monde (1). »

Le dimanche suivant, la même cérémonie avait lieu dans l'église de Garnay. Le piquet d'honneur était fourni par le 17e bataillon de chasseurs à pied, avec tambours et clairons.

« Dans cette petite nef envahie par les braves enfants de l'armée, le prêtre a parlé non pour faire un discours, mais pour jeter quelques paroles de son cœur dans le cœur de ces jeunes hommes qui pensaient à cette heure au clocher de leur village, à leurs mères, aux recommandations de ses derniers adieux, à la jeune épouse pour la première fois quittée, aux promesses faites entre une larme et des caresses, de rester toujours bon fils, de revenir digne époux... »

L'heure du déjeûner était passée lorsque l'aumônier revint à l'hôtel du général. L'abbé Morancé sachant qu'il y avait invitation de généraux et de sénateurs, se dirigeait vers les remises du 17e où l'on mangeait la soupe, lorsque le général en chef l'apercevant de la terrasse lui fit signe de venir.

<hr>

(1) *Récits d'un Aumônier militaire,* t. II, p. 165.

— « En bien ! mon abbé, dit-il, et déjeûner?

— « Mon général, est-ce que vous n'avez pas déjeûné ?...

— « Mais non. Lorsque mes aides de camp sont à *baguenauder*, on ne les attend pas...; vous étiez à votre service et l'on ne s'est pas mis à table sans vous. »

Il ajouta en souriant, mettant la main sur l'épaule de M. Morancé : « Avez-vous au moins prié le bon Dieu pour moi... ?

— « Mon général, c'est pour cela que j'ai présentement l'honneur de vous accompagner ; plus tard, lorsque nous serons séparés, la gratitude m'en fera un devoir.

Cette extrême bonté du général Deligny valut quelques jours plus tard à l'aumônier du 4ᵉ corps, l'honneur d'une invitation à dîner chez M. le maréchal Président de la République. Présenté par son général dans les termes les plus bienveillants, l'abbé Morancé fut accueilli avec déférence par le maréchal de Mac-Mahon.

A l'*Hôtel du Paradis* de Dreux, en ce jour du 21 septembre 1876, l'on put s'étonner de voir à la table du Président de la République, à côté des sommités militaires, des ambassadeurs et des princes, un humble prêtre, simple aumônier de garnison. Ceux-là seuls en furent surpris qui ignoraient et le glorieux passé de l'abbé Morancé et la haute estime dont l'entouraient le général en chef et tous les officiers du 4ᵉ corps.

Tous ces honneurs, toutes ces prévenances ne pouvaient distraire l'aumônier de son devoir.

Les maladies marchent derrière les grandes agglomérations, et la souffrance, [compagne inséparable de l'homme ici-bas, le suit comme l'ombre. La fièvre thyphoïde avait fait son apparition. La place du prêtre était là, et pour ne pas quitter ceux qu'il appelait ses fils, l'aumônier refusait souvent les invitations, préférant à la société des généraux et des autres officiers la compagnie des humbles soldats malades, réunis à l'hôpital de Verneuil.

« Vos pauvres soldats, lui écrivait alors un Vicaire général, ont donc des malades parmi eux ? Comme vous allez aimer ceux-là, vous qui restez seul auprès d'eux pour remplacer toute la famille... Je ne vous souhaite pas bien du courage, c'est une vertu trop peu haute, puisque tout soldat y atteint, mais la sainte et douce modération chrétienne et l'invincible patience du prêtre qui attend, en souriant, l'heure de Dieu ! (1) »

Les grandes manœuvres se terminèrent le 22 septembre. Ce jour même, l'abbé Morancé rentrait au Mans. A la gare, le général Deligny, le voyant s'éloigner, le fait rappeler : « Quand on a vécu ensemble un mois comme cela, dit-il, on ne se quitte pas sans se donner une poignée de main... Vous êtes content !... ajouta-t-il. Content, il y a deux manières de l'entendre... Il y a content qui veut dire assez et content qui signifie qu'on recommencera..., c'est dans ce sens-là que je vous dis : au revoir !... »

Cette intimité du général et de l'aumônier devait être jugée différemment par les uns et par les autres.

Une certaine presse se prit à blâmer la conduite de certains chefs de corps d'armée qui se permettaient quelques paroles ou quelques actes francs et catholiques. Le radilisme a toujours eu pour ceux qui portent l'épée et qui confessent leur foi une haine marquée. Aussi les journaux du parti, enhar-

(1) Lettre de M. l'abbé R. F. Chanson, septembre 1876.

dis d'ailleurs par de précédents succès, se livrèrent à d'interminables commentaires sur l'initiative des généraux qui, comme Deligny, s'étaient fait accompagner de l'aumônier, ou, qui comme Ducrot, avaient demandé pour leur corps d'armée, au moment des grandes manœuvres, la bénédiction de N. T. S. P. le Pape.

Pour des gens qui, parmi les droits de l'homme, ont inscrit en première ligne le privilège légal de l'impiété, une telle conduite de la part de nos généraux était un scandale.

Sur ce, la presse menait campagne, reprenant une œuvre qui, pour un temps, semblait avoir été quelque peu délaissée. La religion, l'armée, les institutions, les personnes mêmes, rien n'était respecté. C'était, à certaines heures, un débordement extraordinaire de violences et d'insanités ; c'était, en paroles, l'émancipation de sentiments qui demain pouvaient se traduire en actes.

Encore que ces diatribes n'atteignissent pas à la hauteur de ceux qu'elles visaient, elles n'en avaient pas moins sur la foule une déplorable influence. Comment une société, non pas seulement chrétienne, mais simplement honnête, pourrait-elle se défendre contre de semblables atteintes? Quel organisme, pour puissant et sain qu'on le tienne, serait capable de résister à un empoisonnement incessant et journalier? Que deviennent les principes d'autorité, de justice et de droit en face de cette action corruptrice d'une presse, à laquelle il est donné de tout attaquer, de tout calomnier, de tout dissoudre dans le respect du peuple?

L'armée, en raison même de la discipline qui la régit, est moins accessible à cette action corruptrice, mais ces attaques contre la conduite de ses chefs et leur caractère font pénétrer habilement le venin jusqu'au cœur du soldat lui-même.

Par là surtout les obstacles se dressent plus nombreux pour entraver l'action du prêtre. Les progrès entrevus et déjà à moitié réalisés subissent un ralentissement fâcheux; à certains jours, c'est une halte dans l'ascension vers le bien!...

CHAPITRE XX

LE RETOUR AU MANS. — IMPRESSIONS. — UNE PREMIÈRE COMMUNION. — LA CHAPELLE. — UN ENFANT PERDU RETROUVÉ. — LE DRAPEAU. — LA PATRIE. — L'ARMÉE. — LE DÉPART D'UNE CLASSE.

A peine de retour au Mans M. Morancé était appelé à Paris. Le 11 octobre, il rentrait au milieu de ses chers soldats, courait aux infirmeries où tout le personnel était renouvelé. Il fallait donc reconquérir les nouveaux. Sa *mission* n'était-elle pas de recommencer toujours la même chose ?

« Au commencement d'une œuvre, écrivait-il alors, il y a un entraînement, de l'enthousiasme, une sorte d'illusion qui dore les choses et fait voir les hommes comme on les voudrait. Tout est au plus beau. Ensuite on pénètre sous les fleuves et la terre : on trouve des pierres, des racines mortes, des détritus avec les vers qui y vivent... Mais courage ! En descendant plus avant, on trouve la source limpide et pure, et le creusement eut-il coûté des peines, des efforts, mille dégoûts, on est consolé par la possession de ce petit et précieux filet d'eau (1)... »

Le bon aumônier éprouvait cela chaque jour, et il bénissait Dieu d'avoir éloigné jusqu'alors de lui toute pensée de découragement.

D'ailleurs, il enseignait à ces jeunes gens que « le chemin de la vérité s'abrège par la souffrance, et que rien de généreux ne se fait sans souffrir ». Et puis, malgré tout, ces âmes il les voyait belles encore. Belles comme des ruines, disait un Père, mais belles parce qu'elles souffraient, parce que l'ardeur avec laquelle elles poursuivaient le plaisir, permettait de mesurer l'ardeur avec laquelle elles auraient pu s'élancer vers le bien. Elles étaient faibles, dans la salle spéciale au fond, en particulier ; mais elles ne connaissaient

____

(1) *Récits d'un Aumônier*, t. II, p. 183.

pas les entêtements de l'erreur. Aussi, quelle compassion inspirait les plus tombés !

Comme corollaire de ces impressions, un jeune soldat convalescent, Jules Marin, viendra écrire sur le carnet de l'aumônier qui parcourt les infirmeries le passage suivant :

« On a beau piocher, sarcler, arroser le champ du Père de famille, après chaque moisson, c'est toujours à recommencer. Malgré toute vigilance, l'immortel ennemi sème toujours l'ivraie. Quel coin de la terre échappe à l'infernal semeur !

« Ne vous lassez pas, Père, d'aller au-devant des petites bonnes volontés éparpillées que chaque classe vous ramène et qui, sans vous, s'évanouiraient bientôt. Formez avec ces faiblesses individuelles un faisceau solide et résistant sur le sable mouvant de vos casernes. Enseignez parallèlement les devoirs envers Dieu et envers la patrie, alliez dans nos cœurs le sentiment patriotique à la Foi religieuse et... bon espoir ! »

Ce jeune homme avait raison. « On peut placer avec justice le nom de la France à côté du nom béni de Dieu, car, pour accomplir son œuvre en ce monde, la Providence a souvent emprunté à notre patrie et son bras et son cœur (1). »

Dieu ménageait ainsi de temps à autre à son zélé ministre de précieuses consolations.

Celui-ci écrivait, celui-là parlait, cet autre agissait. ?

Charles V***, trompette du 31ᵉ, faisait sa première communion dans la chapelle du Carmel. Le pauvre jeune homme avait été élevé ou plutôt pas élevé du tout par une belle-mère. Chassé de la maison dès qu'il avait pu marcher seul, il gagnait son pain dans les carrières de plâtre des environs de Paris, et c'est au régiment que la vue de l'aumônier et les rapports de celui-ci avec ses camarades, lui avaient fait comprendre qu'il n'était pas comme les autres et qu'il lui manquait quelque chose.

Quelques mois avaient suffi à l'abbé Morancé pour l'instruire de la religion et le préparer au grand acte de la première Communion. Plusieurs familles d'officiers supérieurs assistaient à cette touchante cérémonie. Le pain bénit était donné par l'épouse

(1) *Récits d'un Aumônier*, t. II, p. 185-186.

d'un chef d'escadron d'artillerie, et à cette même occasion, le maréchal des logis chef trompette avait donné congé à sa fanfare.

Cette fête intime s'était passée au Carmel, c'était d'un abord plus facile pour les invités, et cependant, depuis quelque temps déjà, l'aumônier avait sa « chapelle à lui », établie dans une grande chambre, mais sous les combles, au-dessus de la 11ᵉ batterie, à la caserne du 31ᵉ. Des amis généreux l'avaient enrichie d'ornements, et aménagée à sa destination. Ce petit sanctuaire, le plus modeste qu'on puisse imaginer, le bon aumônier le trouvait magnifique. Le premier jour, il se sentit tout ému, comme s'il prenait « possession d'une chose aimée depuis longtemps perdue. Il n'y avait pas d'orgue, mais Arthur Esnault dirigeait le chant des enfants de troupe avec son violon. C'était original, mais nullement choquant; le Dieu dont on chantait ainsi les louanges dans cet humble oratoire, est le même que David célébrait avec sa harpe. »

Il plaisait à la Providence d'échelonner ainsi sur le chemin de l'aumônier des joies de nature diverse.

Un matin, c'était le 13 octobre 1876, il découvrait dans un des hôtels qui avoisinent la gare un jeune soldat caché depuis plusieurs jours et qui avait projeté de filer la nuit suivante sur la Belgique. Le pauvre enfant avait pris toutes ses précautions afin que rien ne le détournât de son dessein, et c'était l'aumônier dont il avait moins raison de se défier, qui venait l'arrêter dans sa fuite. Arrivé à sa chambre, au second sur la cour, l'abbé Morancé le trouva encore au lit. Ses malles, son déguisement, tout était prêt. Après lui avoir parlé de sa famille, de sa mère, des remords qui le poursuivraient là-bas, des désenchantements qui l'attendaient, l'aumônier obtenait qu'il reprit ses habits militaires et le reconduisait au quartier. Comme il priait l'adjudaut de le mettre en lieu sûr : Est-ce que c'est vous, lui dit le pauvre soldat, qui allez me *coffrer*...

« Laisse-moi faire, mon fils, la main qui cautérise fait quelquefois souffrir, celle qui te ramène est d'un père... et Dieu tirera le bien du mal. »

Jamais père n'aura éprouvé plus de bonheur à ramener son fils au foyer paternel que l'abbé Morancé ramenant un déserteur à son poste.

Avec les sentiments de Foi et d'honneur, il fallait faire rentrer dans ce cœur les senti-

ments du devoir. Ecoutons les accents patrio-
tiques de l'aumônier :

« Le drapeau, mes fils, si vous n'avez pas au
cœur des croyances, si votre âme est muette,
si votre esprit rejette la Foi, vous ne le com-
prendrez jamais.

« Le drapeau est le clocher du village ; il
abrite le régiment ; on vit sous son ombre, et
sous son ombre on meurt.

« Dans ses plis glorieux, il renferme l'honneur du corps, l'honneur de la France. Il est
le point lumineux où se rencontrent tous les
regards, loin de la famille et de la patrie.

« Abandonner le drapeau, le trahir, serait
plus que honte et lâcheté, ce serait un crime.

« Des générations de soldats sont passées
sous le drapeau du régiment et se sont légué
comme un pieux héritage cette part de l'honneur national.

« L'histoire du drapeau est l'histoire de la
France.

« Quand haut et fier, il bat l'air de sa
flamme, la France est grande ; quand il s'incline, la France chancelle, et quand il se
voile, la France est en deuil.

« Le drapeau reçoit des honneurs que ne
reçoivent ni généraux, ni princes, ni poten-

tats. Ainsi la cavalerie lui presente les armes; quand il paraît, la musique guerrière salue sa bienvenue : au nom de tous, un soldat veille sans cesse auprès de lui.

« A qui les peuples rendent-ils de tels hommages, si ce n'est à Dieu ou aux souverains préposés à la garde des nations ?

« Combien de fois la nuit, sur la terre étrangère, le jeune soldat, les yeux mouillés de larmes, en songeant à la patrie absente, n'a-t-il pas été consolé comme un enfant qui aperçoit le portrait de sa mère ? Combien de fois le vieux soldat mourant n'a-t-il pas cru trouver, dans les frôlements du drapeau, les soupirs et les caresses de la famille ?

« Combien de fois, dans les plaines de la Beauce, lors de nos derniers désastres, de pauvres fantassins égarés, accablés, près de succomber, n'ont-ils pas fait un suprême effort pour suivre encore le drapeau du régiment qui allait disparaître à l'horizon ? Lorsqu'au-delà des frontières, notre œil ne trouve plus l'aspect des champs de notre enfance, lorsque notre oreille n'est frappée que de sons incompris, lorsque notre cœur cherche vainement un cœur ami, lorsque l'espérance elle-même va nous abandonner, la vue du drapeau nous

ranime. Demandez-le aux prisonniers de
guerre, aux vieux soldats, ils vous diront que
leurs yeux se sont mouillés de larmes en
retrouvant le drapeau de la France (1). »

Le drapeau français c'est la France, la
France c'est la patrie.

Le patriotisme est de toutes les vertus militaires celle qui doit tenir le premier rang
dans le cœur du soldat. « Sans cette vertu, il
n'existe pas de nationalité, les peuples ne sont
que des agglomérations d'hommes dispersés
par la première tempête comme le sable du
rivage.

« Pour quelques-uns, la patrie est le taux
de la Bourse. Pour les savants, la patrie est le
glorieux passé où les grandes images de
Charlemagne, de saint Louis, de Louis XIV
se montrent tour à tour. La patrie, c'est Cor-
neille, Racine, Bossuet ; c'est la vieille Gaule,
ce sont les monuments, les trésors de notre
littérature, nos basiliques, les antiques portes
de nos cités. La patrie, pour le savant, est
une chose morale, intellectuelle dont il est
fier et qu'il aime.

« Pour l'homme du peuple, la patrie c'est

(1) *Récits*, t. II, p. 101-102.

le foyer domestique, l'église, le cimetière, les montagnes qui bornent l'horizon, le costume du pays, le soleil de sa moisson, la neige de son hiver. Il voit la patrie entre le berceau de son enfant et la tombe de son père. Cette patrie lui rappelle des travaux, des fatigues entremêlées de joies et de doux souvenirs, de regrets et d'espérances.

« La patrie commence au crucifix placé au chevet du lit et se continue incessamment jusqu'à la borne qui marque les limites de la France.

« La patrie, dont le drapeau est le signe vénéré, on la sent mieux qu'on ne peut la définir.

« Ah! aimez-la bien, mes fils! La patrie pour vous, ce n'est pas seulement votre plaine ou votre colline; la flèche de votre clocher ou la fumée de vos foyers qui montent dans l'air, ou la cime de vos arbres, ou les chansons de vos pâtres. C'est tout cela et plus encore. La patrie, c'est la France entière, c'est tout ce que renferme notre antique et bon pays; la patrie, c'est ce qui parle notre langue, c'est ce qui fait battre nos cœurs, c'est la gloire de nos pères, leur travail, c'est la grandeur qu'ils nous ont laissée et que vous devez laisser à vos enfants aussi pure que vous l'avez reçue La patrie, c'est l'azur de notre ciel, son doux soleil, les beaux fleuves qui arrosent nos provinces, les forêts qui nous ombragent et la terre qui s'étend sous nos pas ! La patrie, ce sont nos parents, nos amis, nos concitoyens des provinces les plus lointaines. Aimez-la, honorez-la, défendez-la de toutes les facultés de votre intelligence, de toutes les forces de vos bras, de tout l'amour de votre cœur (1). »

De tels enseignements étaient bien faits pour élever les cœurs et inspirer les plus nobles sentiments.

Il connaissait ses fils, le père qui leur tenait un tel langage. Il avait au cœur un grand amour de la patrie. Il aimait son drapeau, il aimait et connaissait l'armée.

« Combien de grands et de petits personnages croient avoir vu l'armée, parce qu'ils ont vécu près d'elle ? On ne voit pas avec les yeux, mais avec l'âme. Pour voir l'armée, il faut avoir, avec les hommes qui la composent, les institutions qui la régissent, un commerce intelligent, affectueux, de chaque jour ; il

____

(1) *Récits d'un Aumônier*, t. II, p. 117.

faut pénétrer au fond des choses, les sentir, s'animer de leur sentiment. Ne voit donc pas qui regarde, mais qui comprend et aime. Si vous n'avez pas senti, souffert, aimé, vous n'avez pas vu (1) »

Le bien que l'on fait aux âmes est en proportion de l'amour qu'on leur porte. Il faut compter sur bien des ingratitudes, mais il est encore des cœurs reconnaissants sur la terre...

« Quelle plus noble tâche, écrivait l'abbé Morancé, que d'apporter la douce morale de l'Évangile à ces jeunes cœurs, qu'elle peut relever, réchauffer, attendrir ! Que notre zèle ne fléchisse donc pas sur mille petits riens, mais qu'il ne s'aigrisse point non plus contre celui qui voudrait fermer son cœur. Si jamais j'en rencontre un, je le plaindrai trop pour qu'il me reste la force de le blâmer. Enseignons les vérités de la religion simplement, d'après le catéchisme, comme elles sont; les amoindrir serait les fausser, à Dieu ne plaise ! Mais il faut les expliquer sans crainte, *Suaviter et fortiter*, avec force et douceur, en s'ins-

(1) *Récits*, t. II, p. 194.

pirant toujours de l'esprit de l'Église, dont la miséricorde est sans limites, pour ceux qui ne sont pas méchants de propos délibéré. »

Il voulait ne désespérer de personne.

Au milieu de ces grands enfants qui seraient désolés d'être convertis tout d'un coup, l'aumônier ne se faisait pas prédicateur ; il vivait le plus possible avec eux, leur parlait doucement, les écoutant et cherchant à les ramener — sans qu'ils s'en aperçussent, à force d'affection, — « sur les sentiers de la Foi où beaucoup, hélas ! avaient déjà laissé pousser l'herbe mauvaise ». Tout entier aux perspectives d'activité qui s'ouvraient chaque jour, rien n'était obstacle à son zèle et à son affection. On avait beau lui répéter souvent que la réalité était désolante, qu'il se faisait des illusions, le prêtre du Dieu qui aime les âmes s'attachait davantage à sa mission, à mesure qu'il en découvrait plus à fond les misères.

Aussi combien lui était pénible l'approche des départs de la classe. « Des âmes auxquelles on s'est attaché, disait-il, et que les obligations de la vie vont disperser pour toujours ! »

C'était au 1er décembre 1876. Tous les maréchaux des logis chefs, avant ce départ de la moitié d'entre eux, profitant d'un rayon de soleil, avaient appelé le photographe et étaient venus prier leur aumônier de poser au centre du groupe comme un père au milieu de ses fils. L'abbé Morancé s'était rendu à leur désir, extrèmement touché de cette délicatesse, remarquée du reste et appréciée de l'autorité supérieure. Sur la demande encore des autres simples maréchaux des logis, le cher aumônier voulut bien aller recevoir les adieux de tous sur le quai, dans l'intérieur de la gare.

« On s'est promené, reconduit, rappelé, embrassé, redonné une poignée de main... »

Consolé par la pensée d'avoir pu contribuer à garder au cœur de ceux qu'il appelait si tendrement ses fils, la Foi du Christ et le saint amour de la famille ; fortifié par l'espérance de les voir rentrer au foyer paternel, *ad propria,* sains de corps et d'esprit, l'aumônier se retirait dans une chapelle voisine, et de son cœur montait vers Dieu, pour ses chers soldats, les magnifiques prières de l'*Itinéraire :*

℣. *Esto eis, Domine, turris fortitudinis.*

℟. *A facie inimici.*

In viam pacis et prosperitatis dirigat eos omnipotens et misericors Dominus...

CHAPITRE XXI

SITUATION POLITIQUE. — LE BUDGET DE LA GUERRE. — LA LOI DE FINANCES DU 30 DÉCEMBRE 1876. — LE TRAITEMENT DES AUMÔNIERS MILITAIRES. — UNE LETTRE DU GÉNÉRAL DELIGNY. — GÉNÉROSITÉ DES OFFICIERS DE LA GARNISON DU MANS. — RAPPORT TRIMESTRIEL.

La seconde moitié de l'année 1876 avait vu s'accentuer certaines manifestations irréligieuses et antisociales. Il était facile de distinguer, au milieu des dangers et des incertitudes de la situation, l'action funeste du parti révolutionnaire. Les hommes qui tenaient le pouvoir, ou laissaient faire, ou ne voulaient rien voir.

Dès le mois d'août, la Chambre des députés

prenait occasion de la discussion du budget, pour mettre au jour, contre le catholicisme, les projets persécuteurs de sa majorité. Avant même que la dissolution des Chambres, prononcée par le pouvoir exécutif, l'empêchât d'aborder l'examen du budget particulier des cultes, elle trouvait moyen de porter atteinte aux intérêts religieux, de manière à exciter la douleur et l'indignation de tous les cœurs catholiques. Le budget de l'Instruction publique et celui des Beaux-Arts furent les premiers atteints; mais le règlement du budget de la guerre donnait plus large l'occasion de porter à la religion un coup non moins sûr que funeste.

La suppression du crédit affecté à l'aumônerie militaire fut décidée. La Chambre violait ainsi la loi même qui avait créé cette institution et en supprimant virtuellement une loi qu'il ne lui appartenait pas d'abroger seule, elle portait directement atteinte à la Constitution. C'était là un fait grave, un précédent dangereux, tendant à rien moins qu'à livrer tous les services publics à la discrétion de la Chambre basse.

Toutefois ces projets ne devaient pas recevoir immédiatement leur complète réalisation.

Après avoir laissé abroger irrégulièrement, par voie de suppression de crédits, des lois parfaitement en vigueur, après avoir autorisé la majorité révolutionnaire à tout espérer de sa muette complaisance ou à tout oser contre lui, le ministère Dufaure s'était un instant réveillé pour défendre enfin le budget des cultes. Mais démissionnaire le 2 décembre, il était remplacé le 13, par le ministère Jules Simon et le 30 du même mois, la loi de Finances était votée. Sans supprimer totalement les crédits affectés à l'aumônerie militaire, cette loi les réduisait dans une proportion considérable.

On n'était pas encore arrivé à proclamer du haut de la tribune et au nom du pouvoir, que la présence du prêtre, à la caserne et partout, n'est le plus souvent qu'une cause de désordre et d'indiscipline, mais la réduction des traitements de l'aumônerie militaire entraînait la suppression d'un grand nombre d'aumôniers.

Au Mans, M. Morancé, aumônier titulaire redevenait aumônier auxiliaire avec un traitement total de quatre cents francs, au lieu de deux mille quatre cents.

Le général Deligny, commandant le 4ᵉ corps

d'armée donnait à l'Évêque du Mans, communication de ces nouvelles dispositions.

Voici en quels termes :

« *Le Mans, le 7 Février 1877.*

« Monseigneur l'Évêque,

« Votre Grandeur n'ignore pas que la loi
« de Finances du 30 décembre dernier, a
« réduit, dans une proportion considérable, le
« chiffre des crédits précédemment affectés au
« traitement de l'aumônerie militaire ; en
« même temps et comme conséquence de cette
« diminution, un état numérique annexé à la
« dite loi, a déterminé le nombre des aumô-
« niers qui continueront à être rétribués sur
« le budget de la guerre, en indiquant nomi-
« nativement les résidences qui leur seraient
« attribuées.

« En raison de ces mesures législatives le
« ministre de la guerre m'a fait connaître :
« 1° Par circulaire en date du 28 janvier der-
« nier, que le traitement des aumôniers auxi-
« liaires est ramené de quatre cent trente-

« deux francs à deux cent cinquante-deux à
« partir du 1er janvier 1877, et que les aumô-
« niers titulaires ou auxiliaires dont l'emploi
« est supprimé par suite de la réduction des
« crédits recevront jusqu'à la cessation de ces
« fonctions : les titulaires, le traitement fixé
« par le décret du 25 décembre 1875, les
« auxiliaires, le traitement actuel de deux
« cent cinquante-deux francs.

« 2° Par lettre du 24 janvier, que l'indem-
« nité annuelle de trois cents francs accordée
« aux aumôniers de garnisons pour frais de
« culte est supprimée dorénavant.

« Par lettre du 3 février courant, qu'au
« Mans, l'emploi d'aumônier titulaire est sup-
« primé et remplacé par celui d'aumônier
« auxiliaire.

« Le Ministre ajoute toutefois, d'une manière
« générale, que tous les aumôniers désirant
« continuer leurs fonctions à titre gratuit
« seront nommés aumôniers volontaires, sur
« les propositions qui lui seront adressées
« par l'intermédaire de M. le Ministre de la
« Justice et des Cultes.

« D'après ces dispositions, Monseigneur,
« la situation de M. l'abbé Morancé qui
« occupe actuellement l'emploi d'aumônier

« titulaire du Mans, va se trouver considéra-
« blement réduite au point de vue des alloca-
« tions.

« Il y a lieu, en conséquence, que Votre
« Grandeur lui assigne un poste ecclésiasti-
« que dont les émoluments soient suffisants
« pour compenser tout au moins la différence
« de solde que l'administration de la guerre
« lui enlève.

« Je crois devoir cependant en cette cir-
« constance, vous faire remarquer, que
« M. l'abbé Morancé a déployé, pendant la
« guerre 1870-1871, et dans son emploi d'au-
« mônier titulaire, un zèle, un dévouement
« et une activité dignes d'éloges ; qu'il a fait
« preuve dans sa difficile mission d'un tact
« et d'une réserve qui sont appréciés par tous
« les militaires de la garnison, à tous les
« degrés de la hiérarchie, que ses relations
« avec tous sont excellentes, et que nul mieux
« que lui ne paraît apte à assurer le service
« religieux au Mans.

« Vous savez, en outre, que j'ai prié M. le
« Ministre de la guerre de le désigner pour
« l'emploi d'aumônier supérieur du 4ᵉ corps
« d'armée en cas de mobilisation. Aussi,
« verrai-je avec plaisir, Monseigneur, que

« vous puissiez, par telles mesures que vous
« jugerez convenables, mettre M. l'abbé
« Morancé en position de continuer exclusi-
« vement ses fonctions d'aumônier, avec son
« nouveau titre d'aumônier auxiliaire ; où
« que vous veuillez bien prendre en sa faveur,
« l'initiative d'une proposition pour le titre
« d'aumônier titulaire volontaire, proposition
« que j'appuyerais de mon côté près du Minis-
« tre de la guerre.

« Je vous serai obligé de me faire connaî-
« tre d'urgence ce que vous aurez décidé à
« l'égard de M. l'abbé Morancé, et le nom de
« l'ecclésiastique que vous proposeriez au
« Ministre des Cultes à sa place, pour aumô-
« nier auxiliaire du Mans, dans le cas où il
« désirerait se retirer.

« Veuillez, etc.

Signé : « DELIGNY. »

Les circonstances ne permirent pas à Monseigneur d'Outremont de répondre au désir du
général et de donner à M. Morancé une situation au Mans, qui pût se concilier avec ses
fonctions d'aumônier militaire.

De pénibles incertitudes vinrent s'ajouter à des préoccupations de plus d'un genre et l'heure semblait venir pour le prêtre des soldats, où il faudrait songer à la séparation. En de tels moments, l'âme a besoin de fuir le bruit, de se recueillir et de se retremper dans le silence, qu'on a si bien nommé la patrie des forts.

Au lieu de se heurter aux petitesses et aux injustices que tout homme doit rencontrer sur son chemin, mieux vaut se retirer en soi et en Dieu : là est la plus grande force qui soit au monde. Une sereine *indifférence*, une dignité simple triomphent le plus souvent de toutes les difficultés, attirent la protection de Dieu, excitent une sympathie à la fois vraie et efficace.

A peine connue la nouvelle du départ probable de M. Morancé, causa non moins de surprise qu'elle excita de regrets. Les senti· ments unanimes qui se manifestèrent à cette occasion, témoignèrent de l'estime et de l'attachement dont on entourait le sympathique aumônier du 4e corps. De nombreuses instances, des réclamations pressantes furent adressées en dernier lieu au ministère de la guerre et à celui des cultes, à Mgr l'évêque du Mans ;

mais sans obtenir les résultats que l'on désirait.

En cette circonstance, le général Deligny voulut témoigner ouvertement toute l'affection qu'il portait à l'abbé Morancé.

Sur son invitation, avec l'aide de quelques amis du sympathique aumônier, les officiers de la garnison du Mans se réunirent, et répondant au vœu de leur général en chef, reconstituèrent le traitement de leur aumônier avec une générosité au-dessus de tout éloge.

Le soir même l'abbé Morancé annonçait dans les casernes qu'il ne quitterait pas ses chers soldats. Cette nouvelle fut accueillie avec la plus bruyante satisfaction. Quelle joie ne fut-ce pas aussi pour l'aumônier lui-même !

« Ou mes pauvres casernes, disait-il, ou une habitation solitaire auprès d'une chapelle dans les bois. » Le milieu militaire était devenu comme un élément nécessaire à sa vie. « Je ne me plais que là, écrivait-il, il y a bien besoin d'un prêtre là, je le comprends à mesure que l'horizon s'allonge et s'élargit devant moi (1). »

(1) *Récits d'un Aumônier militaire*, t. II, p. 200.

Après bien des lettres échangées, bien des démarches diverses, la question était enfin résolue : l'abbé Morancé conservait sa position au siège du 4ᵉ corps.

S'il était possible de confier à chaque homme un travail ou une mission conforme à ses aptitudes personnelles et réclamant ainsi le concours de toutes ses forces, on obtiendrait d'étonnants résultats. S'il ne peut pas toujours en être ainsi, il n'en faut pas moins « raisonner son existence, examiner sérieusement le but qu'on se propose et les moyens qu'on a à sa disposition pour l'atteindre. En se rendant compte de la place qu'on occupe et de ce qu'on peut faire pour la bien remplir, on accepte toutes les situations, quelques humbles qu'elles soient ; on se résigne à toutes les fonctions, quelques minutieuses ou fatigantes qu'elles puissent être. On ne s'exalte ou on ne se décourage que si l'on ne comprend pas sa mission ; et si on se laisse dériver au courant des impressions, des désirs, des regrets, des espérances, on marche comme un aveugle sur la voie publique. »

« L'homme qui sait ce qu'il veut et qui veut ce qu'il fait peut avoir des heures de mécontentement ; mais il est sans arrogance dans la prospérité, sans abattement dans le malheur. » Il sait attendre avec patience, se rappelant que « le temps est le premier ministre de Dieu au département de ce monde (1) ».

De tels sentiments dans une âme de prêtre devaient susciter de puissants efforts pour le bien et dès lors d'immenses résultats.

Dieu seul a pu compter toutes les âmes blessées, meurtries, hésitantes, désespérées qu'il a guéries, secourues, raffermies, rendues à la Foi. Ses rapports trimestriels ne nous révèlent que ce qui était connu de tous. Si modestement concis qu'ils soient, ils nous donnent un consolant aperçu de la situation générale. Tel est celui du mois de janvier 1877.

« Les modifications de la loi de Finances du 30 décembre dernier, n'ont apporté aucun changement dans le fonctionnement de l'aumônerie militaire à la garnison du Mans.

« Messieurs les officiers, sachant combien leur attitude peut attirer les hommes vers l'aumônier, ou les éloigner de lui, se mon-

(1) *Récits d'un Aumônier*, t. II, p. 223.

trent d'une bienveillance dont je ne pourrai jamais assez les remercier.

« Mes visites sont toujours cordialement accueillies et ma maison ne cesse pas d'être fréquentée par un grand nombre de jeunes gens.

« Sans avoir en morale des principes plus larges qu'il ne convient, il me semble qu'il y a plus à louer en eux qu'à blâmer.

« Parmi les raisons qui rendent tant d'âmes étrangères à la religion, les plus communes et les plus puissantes sont la légèreté, l'ignorance et les malentendus.

« Ce sont de graves obstacles, mais on aperçoit à première vue qu'ils n'ont rien d'invincible. On ne rencontre point de jeunes gens résolument pervers.

« Leur âge au contraire s'ouvre aisément à celui qui leur témoigne un intérêt véritable. La fibre généreuse est au fond de ces cœurs qui n'ont pas encore été aigris dans la mêlée.

« Aussi, vivant au milieu d'eux avec patience et discrétion, on les amène sans effort à écouter une parole sérieuse, à voir la faiblesse des objections opposées par l'ignorance à la vérité éternelle ; et les malentendus tombent forcément devant la persévérance de celui qui s'obstine à compter sur la droiture de ces jeunes hommes, et ne veut pas cesser d'espérer en eux. »

« Sans doute les temps sont difficiles et nous ne sommes point sûrs du lendemain. Mais beaucoup de ceux qui ont travaillé avant nous et pour nous, sont morts sans voir l'achèvement de leur ouvrage, n'ayant pour soutien que l'espérance et la certitude de travailler pour l'avenir. »

Représentant officiel de l'idée religieuse dans l'armée, l'aumônier en l'inculquant ou en la réveillant dans les cœurs, s'efforçait en même temps d'en appliquer les principes aux obligations spéciales de la vie militaire.

Sauvegarde indispensable de la moralité du bonheur et de la nationalité des peuples, l'idée religieuse doit être érigée en unique règle de conduite pour l'individu.

Si l'on a pu dire que la discipline est l'âme des armées, l'on peut ajouter que la première discipline de l'âme, c'est la Foi.

« La Foi dans l'état militaire est la perfection du courage et de la discipline ; et cette perfection est l'élément invincible de toutes les grandes choses que veut faire et qu'aime à faire le pays.

« Si l'on analysait les beaux faits d'armes qui sont la gloire de notre histoire, on verrait bien vite que c'est par la Foi que les héros ont été courageux à la guerre : *Fide fortes facti sunt in bello;* et que la Foi seule peut réveiller dans nos armées le vieil honneur français (1). »

1) *Récits d'un Aumônier*, t. II, p. 242.

CHAPITRE XXII

La vertu du prêtre fait la fécondité de son
ministère, mais ce qui est vrai du ministère
de tout prêtre, l'est plus encore de celui de
l'aumônier militaire.

Là fût tout le secret de l'influence et de
l'action de M. l'abbé Morancé. Lorsqu'aux
Grandes Manœuvres de 1878, l'aide de camp
du maréchal de Mac-Mahon disait à M. le
colonel chef d'état-major : « Mais, votre
abbé refuse fine champagne et cigares,

ce n'est pas un aumônier complet..... — le colonel en répondant : « Il n'est pas fils de Mahomet, c'est vrai, mais au 4ᵉ corps, c'est comme cela que nous l'aimons... » exprimait la manière de voir et des officiers et des soldats eux-mêmes. Est-ce à dire qu'il prit au milieu des soldats ces allures mystiques qui éloignent et effrayent? Nullement. Simple, aimable, ordinairement souriant et enjoué, on le vit toujours prêt à accueillir par un rire spontané les saillies et les bons mots échappés à ceux de ses fils qu'il appelait des « espiègles ».

Voyez-le traverser les cours de ses casernes, à pas mesurés et d'une humeur toujours égale, aborder celui-ci, serrer la main de celui-la, glisser une bonne parole, un bon conseil à l'oreille de tel autre, n'agissant que par raison et par vertu. Toutes ses qualités imprimaient à sa personne une dignité pleine de charmes.

Il excellait dans la direction à donner aux jeunes gens. Dans ce ministère ardu et périlleux il faut savoir tenir compte des conditions de cet âge, et de la situation du soldat. L'abbé Morancé se portait d'instinct vers ceux qu'il voyait tristes ou qu'il savait faibles, « surtout vers les petits à qui tout secours manque. » Il y avait là une moisson de choix à cueillir. « Tel qui aura descendu la pente glissante et périlleuse du chagrin noir, la remontera en entendant la bonne parole qui vieillit et ne s'use pas. » Il avait l'exemple de Constant et de beaucoup d'autres (1).

Dans les imperfections de ses fils il entrevoyait le germe de qualités à développer. « L'opiniâtreté de Landry deviendrait constance et force de caractère. La pétulance et les espiègleries de Bernard pouvaient devenir l'humeur aimable et facile qui le ferait glisser à travers les écueils de la vie (2) ».

Le jeune homme se porte vers les objets qu'il convoite avec une violence comparable à celle du feu ; il est irréfléchi, rebelle au joug, agité par la passion, et dominé par le caprice. Pour dompter ces forces vives, il ne faut rien moins qu'une autorité morale incontestée. C'est à cette autorité que l'abbé Morancé devra de pouvoir apaiser « les plaintes et les impatiences » d'Edouard, calmer les colères de « Théodore, qui voit des ennemis par-

(1) *Récits,* t. II, p. 313.
(2) *Récits.* t. II, p. 310.

tout, dans tous ses chefs » ; encourager les efforts de « Raymond dont l'âme remonte petit à petit les pentes du bien après avoir descendu celles du mal (1).

La jeunesse a ses moments critiques. La sensibilité n'est pas encore complètement émoussée, l'isolement l'excite ; de là un indéfinissable malaise, une vague tristesse, une irritation qui éclate quelquefois en froissements pénibles dans les rapports de chaque instant. L'abbé Morancé connaissait à merveille ces états de souffrance.

Savoir écouter les plaintes, dissiper les malentendus, calmer les rancunes, ramener la paix au milieu du trouble, réveiller au fond du cœur par une parole amie, des sentiments de Foi et d'honneur, combattre chez les jeunes gens les entraînements de la nature, est un art difficile et dans lequel il savait réussir. Il était si compatissant, si charitable et si paternel ! Voyez-le avec « Emile Marchal du 26ᵉ, marié et père de famille, qui le recherche pour lui confier ses chagrins. » Ne faut-il pas en effet « que le prêtre soit tou-

____

(1) *Récits*, t. II, p. 216, 263, 296.

jours prêt, toujours approvisionné de consolations d'en haut (1) ? »

« Camille, un grand gaillard de la Canne-
bière, capricieux, inquiet par nature... a des
accès de brusque irritation. Pour un rien
il monte, s'enfle, s'irrite, s'emporte..... Naturellement rebelle à tout ce qui semble vouloir le contraindre, il ne se prend bien que par
le cœur (2) ».

C'est par là surtout que l'aumônier du
4e corps savait prendre et s'attacher « ses
fils ».

Sans poursuivre l'idéal, il avait à cœur
d'améliorer de son mieux ce qu'il avait sous
la main. « Comme certain bâton que l'adju-
dant de service désignerait d'un mot énergi-
que parce qu'on ne sait par quel bout le
prendre, Salvien, toujours irrité, querelleur,
désharmonisé », ne pouvait manquer d'exciter la tendre compassion de son aumônier.
« Je reviendrai, écrit-il, vers le pauvre
Salvien. Je le prendrai en particulier, il m'in-
téresse comme tout ce qui est malheureux... .

(1) *Récits*, t. II, p. 296.
(2) *Récits*, t. II, p. 358.

Je m'obstinerai à lui vouloir du bien.....
Point de découragement. Il a un bon côté
sans doute, mon petit misanthrope, en cherchant bien, on trouvera l'anneau qui peut
amarrer sa barque (1) ». Ce ne fut pas long.

Florel (2) ne s'étonne de rien, et s'harmo-
nise difficilement avec la profession des
armes, qu'à coup sûr il n'a point choisie. Le
métier ne peut manquer de sembler dur aux
jeunes gens qui jusqu'à leur tirage ne se sont
destinés qu'aux plaisirs. Ceux là trouveront
des encouragements près de l'aumônier,
subiront son influence et s'édifieront de ses
vertus. Il prêchait d'exemple ceux qu'il
ne pouvait aborder ; suivant cette recommandation de l'apôtre : « En toutes choses,
montrez-vous le modèle de vos enfants ; qu'ils
voient en vous l'exemple de la vertu, de l'in-
tégrité parfaite, de la gravité irréprochable ;
que votre enseignement, que vos paroles
soient toujours d'accord avec vos œuvres, afin
que vos disciples vous respectent et n'aient
rien à dire de vous en mal. »

(1) *Récits*, t. II, p. 261.
(2) *Récits*, t. II, p. 358.

La vertu est un aimant : elle inspire la confiance, elle impose le respect, elle attire les cœurs. L'influence de l'aumônier du 4e corps, son action, ne se traduisent plus seulement par une sorte de sympathie qu'on pourrait appeler négative, mais par des faits, des conversions, des efforts de bonne volonté, des marques d'attachement et des résultats généraux non moins évidents que consolants.

C'était le 25 août 1877. Les maréchaux des logis chefs du 26e avaient appris, par les feuilles du petit *Cahier-Journal* de l'année précédente et s'étaient souvenu que le 25 août était l'anniversaire de la naissance de leur aumônier. Voulant fêter avec lui cette date, ils vinrent avec une délicatesse touchante l'inviter à dîner dans leur baraque. « Monsieur l'aumônier, dirent-ils, vous ne nous avez jamais fait cet honneur... Vous dînez chez nos officiers... Vous avez accepté l'invitation des adjudants à l'occasion du départ de Schaff et de la décoration du doyen... Vous n'aurez aucune accolade de chevalier à donner ce soir, mais vous allez venir, vous ne nous refuserez pas le plaisir de vous recevoir chez nous!... Nous allons vous emmener, Monsieur l'aumônier ! »

Etait-ce possible de refuser?...

La réunion fut cordiale, raconte lui-même l'abbé Morancé, joyeuse comme il convient, et le prêtre se sentit de suite à son aise, au milieu de ses chers soldats.

On lui avait ménagé une surprise aimable. Des artistes parisiens descendus à l'hôtel du Maine étaient arrivés depuis peu de jours au 26ᵉ à titre de réservistes. « Nous recevons Monsieur l'aumônier » leur dirent nos maréchaux des logis, « savez-vous une belle chanson, quelque chose de digne qui puisse lui faire plaisir? »

— « Certainement », répondit Henri Villain de la Comédie Française, « je sais des chants variés, de bon goût..., je sais Paul Deroulède par cœur. » « Et sans se faire prier, ce jeune artiste qu'une réunion présidée par un ecclésiastique avait un peu étonné tout d'abord, voulut bien chanter et déclamer d'admirables morceaux. Il finit par *Le Sergent*. Son talent souple, varié, délicat, sût exciter tour à tour le bon rire et des larmes généreuses qu'aucun effort ne pût contenir (1). »

(1) *Récits d'un Aumônier*, t. II, p. 280-281.

Les maréchaux-des logis–chefs et les jeunes artistes du Conservatoire, de l'Opéra et de la Comédie Française, voulurent reconduire l Aumônier à sa maison. Ils revinrent « chaque jour causer, dire un bonjour aimable. Là encore les préventions contre le *prêtre des soldats* avaient fait place à un attachement d'autant plus affectueux qu'il y avait un arriéré à dépenser. »

Le séjour des aimables réservistes de la Comédie française dans les casernes, fut une fête, et le souvenir de leur affectueuse délicatesse demeura cher au cœur de l'Aumônier du 4ᵉ corps.

Il était de ceux chez lesquels la mémoire du cœur ne savait faire défaut. Il ne pouvait oublier ceux qu'il avait une fois connus et aimés. On le voyait à certaines époques reprendre le chemin de Patay, de Loigny, de Guillonville, etc., où tant de ses fils chéris dorment leur dernier sommeil.

Avec quelle émotion il parcourait ces champs de batailles, revoyant « les croix de bois qui signalent çà et là dans la plaine, l'endroit où les pauvres enfants sont tombés ». On était au septième anniversaire de la bataille de Loigny.

« J'ai donc revu encore une fois, écrit-il,
ces lieux où tant de nobles cœurs ont pratiqué l'*héroïsme dans la nuit*, sans espérance
humaine, sous le seul regard de Dieu, ont
connu l'unique gloire qui éclaire l'âme sans
la brûler. J'ai pu, au jour anniversaire de la
bataille, célébrer le saint Sacrifice au-dessus
de la belle crypte romane de Loigny, où reposent nos glorieux vaincus, où l'on voit les
ossements blanchis et symétriquement rangés
de *mille trente-cinq soldats français !*... (1) »

Le souvenir de ces chers aînés et le désir
d'être agréable et utile à leurs frères d'armes,
engagent l'ancien aumônier du 33ᵉ à donner
une troisième édition de son livre : « *Un régiment de l'armée de la Loire.* »

La préface porte la date du 2 décembre 1877.
« Cette nouvelle édition naquit d'une intention pieuse et patriotique. » Depuis l'apparition de la première, « Dieu avait fait cette
grande chose de ramener le prêtre au milieu
des soldats. » L'Aumônier « touché de l'accueil qui lui était fait, à la vue des premiers
germes de la moisson que d'autres recueille-

(1) *Récits*, t. II, p. 294.

ront un jour, avait senti souvent des larmes involontaires mouiller ses yeux », et il remerciait « Celui dont la Providence conduit tout avec force et douceur, le Seigneur Dieu des armées, qui protège la France. »

L'abbé Morancé savait que « l'amour de la patrie, le dévouement, l'esprit de sacrifice et la noble fierté française s'apprennent comme toutes choses, à l'exemple des aînés. »

Il avait vu « toute la jeunesse de son département, confondue dans le partage des mêmes souffrances, se rapprocher malgré les inégalités d'origine et de fortune, pour se soutenir, ne faire qu'une seule famille et n'avoir qu'une pensée : la défense de la patrie. »

Il se plaisait à « le raconter aux jeunes gens qui l'entouraient et dont il voulait l'âme fière. » C'est pour eux qu'il écrit comme il a écrit jadis pour leurs aînés. Si par ses efforts, il parvient à faire naître dans leurs cœurs quelques bonnes pensées, et à leur inspirer l'amour de la patrie jusqu'au détachement de soi, l'auteur aura atteint son but : « Faire entrer le patriotisme par la Foi dans le cœur des soldats. »

Les premières éditions dédiées à l'ancien 33ᵉ étaient épuisées, et parmi les fils de l'Aumônier du 4ᵉ corps il en était qui entreprenaient de copier ce livre pour pouvoir l'emporter au pays.

Cette troisième édition s'imposait. Elle était faite pour aller « au-delà du milieu auquel les premières étaient destinées, consoler les familles et éveiller dans notre chère jeunesse, au cœur loyal et franc, des sentiments élevés, et des émotions pleines d'espérances! (1) »

Le bien de ses fils : c'était tout le but de l'Aumônier; pour l'atteindre il ne savait négliger aucun moyen. Vouloir le bien des âmes, et par conséquent aimer : c'est là tout le prêtre. « Le prêtre? » disait naguère le Père Félix (2), « que doit faire cet homme dans une paroisse? Il doit aimer; et comme tout amour, il faut qu'il surveille, qu'il s'inquiète, qu'il compatisse, qu'il se dévoue. Il est père des âmes enfantées par l'amour; et comme tout père, il faut qu'il aime. Il est pasteur

(1) Préface de la 3ᵉ édition. *Le Monde Illustré* (16 mars 1878). — *Le Français* (3 mai 1878). — *L'Union* de Paris (2 mai 1878). — *L'Union de la Sarthe* (21 mars 1878). — *La Sarthe.* — *La Voix de N.-D. de Chartres* (1ᵉʳ avril 1878). — *La Semaine religieuse* de Laval (5 avril 1878), etc.. etc. firent à nouveau l'éloge du livre de M. Morancé.

(2) Conférences du Mans. Carême 1879, p. 87.

des âmes nourries et abreuvées par l'amour ; et comme tout pasteur, il faut qu'il aime. Il est sacrificateur et victime : sacrificateur de lui-même et victime des âmes sauvées et rachetées par l'amour ; et comme toute victime volontaire, il faut qu'il aime comme cet amour dont il est l'organe et qu'au besoin il sache, comme lui, se sacrifier pour ceux qu'il aime. »

M. Morancé l'avait ainsi compris et pratiqué. Il a tant aimé ses chers soldats ! N'at-il pas écrit lors d'une absence motivée par un pèlerinage à Lourdes et à la Salette : « J'aurais voulu avoir avec moi tout mes fils... Loin d'eux je ne suis vivant qu'à demi ; la moitié certainement de mon cœur est restée dans mes casernes (1). » Et quand revenu près d'eux, après une journée tout entière passée avec ses fils, dans les infirmeries, au polygone, ou dans les casernes, l'Aumônier rentré chez lui, repassera en sa mémoire les incidents de la journée, il se dira en écrivant ses notes et ses impressions : « qu'un père n'aime pas d'un meilleur cœur ses enfants (2). »

(1) *Récits*, t. II, p. 254.
(2) *Récits*, t. II, p. 377.

Et cependant il ne faisait pas encore tout le bien qu'il eût désiré faire. « Dieu seul, il est vrai, peut toucher aux blessures des âmes sans les irriter et sans les faire saigner ; nous semons l'espérance, le respect, l'amour du bien, Lui seul peut les sortir du brouillard épais des sens. »

Il n'en n'aime pas moins sa *mission*, qui si elle « a ses difficultés, a aussi des compensations. » Ses enfants ont des défauts différents de ceux des gens du monde, mais ils ont en revanche des qualités que ceux-ci ne soupçonnent même pas. D'ailleurs, si les abîmes sont profonds, la miséricorde de Dieu a de quoi les combler.

Il était aussi un petit troupeau, objet de soins plus délicats et plus tendres de la part de l'Aumônier : les enfants de troupes. Le 15 mai de l'année 1878 voyait se lever pour eux l'aurore d'un beau jour. Monseigneur l'évêque du Mans venait lui-même leur faire faire leur première Communion et leur administrer la Confirmation. La petite chapelle militaire était « transfigurée par les draperies, les bougies et les fleurs. » Mesdames du génie et de l'artillerie, n'avaient rien épargné. L'Aumônier et Messieurs les Officiers supérieurs vinrent recevoir Monseigneur d'Outremont « sur le seuil de la caserne où les canons étaient rangés en bataille, et la musique d'artillerie *a joué* ses plus beaux morceaux. »

Quoique assombrie par un deuil pénible (1), cette fête n'en procura pas moins à M. Morancé et à ses chers enfants de troupe de consolantes et intimes jouissances. Au milieu de ces jeunes enfants, si purs et si recueillis en ce beau jour de leur première Communion, le bon Aumônier se sentait davantage le père de ces pauvres orphelins. De son cœur s'échappait cette prière : « O Dieu, qui aimez les âmes ! donnez-nous l'amour grandissant, qui, à mesure que le temps s'avance, rende nos jours plus dignes d'être bénis de vous, et notre cœur plus rapproché du vôtre ! »

(1) La domestique de M. Morancé qu'il avait à son service depuis près de vingt ans, était morte la veille même.

CHAPITRE XXIII

Il est des heures où l'âme sent le besoin de fuir le bruit, de se recueillir et de se retremper dans le silence qu'on a si bien nommé la patrie des forts.

Un petit chemin, bordé de fleurs sauvages, s'étendait de la grande cour du matériel des casernes jusqu'au pied du mur de clôture du Carmel. C'était le refuge de prédilection de l'aumônier du 4ᵉ corps.

Le jeudi 12 janvier 1871, il était passé par ce chemin de la Harlière avec les débris de son régiment. Il aimait à y revenir presque cha-

que jour « chercher un peu de silence et de
paix. Je blanchis dans la mêlée, disait-il, et
quelque effort que je fasse pour retenir ma
pauvre vie, je la vois si distraite, si répandue,
si secouée, que je ne sais ce que je devien-
drais sans cette solitude où je trouve le repos
du corps et un rafraîchissement pour mon
esprit. Il semble aussi que plus près de ce
monastère on a davantage part à ses mérites.
Sur la montagne, il reçoit avant nous les
blanches clartés de l'aurore, et le soir les
ombres nous enveloppent déjà, qu'il brille
encore des derniers feux du couchant. La
nuit, pendant que ce monde oublie et péche,
la prière des vierges du cloître monte vers
Dieu sans bruit comme la veilleuse symboli-
que de leur sanctuaire et la douce fumée de
l'encens (1). »

Ce voisinage du Carmel inspira un jour à
M. Morancé l'un de ses plus beaux entretiens,
l'une des plus belles pages qu'il ait écrites :

« Ils ne connaissent pas le cœur de la
femme ceux qui regardent le cloître comme
une torture incessante pour lui et qui pleu-

(1) *Récits*, t. II, p. 380.

rent sur la jeune vierge avide d'aimer Dieu
dans la retraite, et ils comprennent encore
moins la part que peut lui faire la société, ou
du moins ils ne savent pas l'apprécier à sa
juste valeur En effet, la vierge cloîtrée, que
laisse-t-elle derrière elle dans le monde? Sa
liberté! Mais, jeune fille, n'a-t-elle pas été
obligée de vivre constamment avec sa mère,
et femme, n'eut-elle pas été forcée de se sou-
mettre à la puissance, et quelquefois de subir
la tyrannie d'un mari, aux volontés, aux
caprices, aux passions duquel elle eut été
livrée! Que laisse-t-elle derrière elle dans le
monde? des amis qui la recherchent et lui
disent qu'elle est belle! mais quand ils la
courtisent et qu'ils la flattent ainsi, c'est
moins elle qu'ils encensent que leurs passions
qu'ils caressent; ils l'aiment pour eux et non
pas pour elle-même, car le préféré est un
rival qu'on déteste. Que laisse-t-elle derrière
elle dans le monde? ses parents! Ah! c'est la
séparation qui coûte le plus à son cœur; sans
doute elle les aime, mais cependant ne les
eut-elle pas quittés pour un époux, pourquoi
donc ne les quitterait-elle pas pour Dieu qui
est le Seigneur et maître du père, de la mère
et de l'époux? O folie! on se désole dans le

monde lorsqu'une jeune fille veut se donner à
Dieu à qui elle appartient, et l'on se réjouit,
et l'on danse lorsqu'on la dote pour un époux,
que l'on en constitue le maître et qui ne peut
l'être qu'au nom de Dieu! Voyez cette jeune
vierge qui n'a pour se parer qu'une cornette
et une robe de bure ; mais qui, avec la beauté
d'une femme, possède encore celle d'un ange.
Le monde, en la voyant passer, murmure
qu'elle est trop belle pour être l'épouse de
Jésus-Christ!... Mais y a-t-il rien d'assez
beau pour Lui, et si le Seigneur l'a choisie,
n'est-ce pas pour elle un insigne honneur?...
Elle est trop belle, dites-vous, mais à qui donc
doit être consacrée la beauté, à qui doit-on
en faire hommage, si ce n'est à celui qui la
donne et dont elle émane? Comment est-elle
trop belle pour Dieu cette femme, si elle
n'est pas trop belle pour qui la flétrit et la
souille? Ne dites plus cette parole; c'est un
blasphème. Pourquoi le monde s'acharne-t-il
ainsi à maudire les couvents, sous prétexte
qu'on n'y fait que des victimes? Est-ce véri-
tablement le bonheur de la jeune fille qu'il
regrette, lorsqu'il s'apitoie sur les rigueurs
du cloître? Non, car, au besoin, il nous dira
qu'elle ne s'y est enfermée que pour passer sa

vie dans une molle oisiveté. Il sait donc qu'elle n'y est pas malheureuse, et que si c'est une victime, ce n'est pas une victime des hommes, mais une victime volontaire qui s'offre à Dieu par amour. Pourquoi donc le monde repousse-t-il le cloître, pourquoi le hait-il ? Ah ! c'est parce que le monde aime le plaisir et n'aime pas la croix de Jésus-Christ ; c'est parce que le monde accepte le péché et repousse la pénitence ; c'est, en un mot, parce que le cloître est à ses yeux ce qu'est le remords à sa conscience ; c'est un miroir qui lui renvoie ses vices, c'est un obstacle qui heurte tous ses plaisirs, c'est un censeur austère qui sème l'amertume au milieu de ses voluptés et il n'en veut pas. Mais vous-même, vous le père, vous le frère, vous l'ami, que regrettez-vous dans la jeune novice qui vient de vous quitter ? Mettez la main sur votre cœur et dites si ce ne sont pas les joies, les satisfactions, les jouissances qu'elle eut pu vous donner dans le monde. Ce n'est donc pas son bonheur que vous pleurez, mais le vôtre !... » (1).

(1) *Récits*, t. II, p. 268 et suiv.

Et le soldat écoutait avec émotion ce noble langage, et en y regardant de près « on aurait pu saisir une larme dans ses yeux, tandis que ces mots sortaient de ses lèvres : « Mon Dieu ! que c'est beau ! » C'est alors que l'aumônier, fier et heureux de sa victoire, s'écriait : Gloire à Dieu !

Et lorsqu'aux grandes manœuvres, il verra ces mêmes soldats mériter les félicitations de leurs chefs, il dira : Honneur aux armes !

Sur la demande du général commandant en chef le 4ᵉ corps, M. Morancé accompagnait son corps d'armée aux grandes manœuvres de 1878, comme il l'avait fait à celles de 1876. Dans les temps où l'on vivait alors, et aussi dans les pays à traverser, l'aumônier appréciait grandement « la générosité de la haute hospitalité que M. le général daignait lui offrir ».

L'abbé Morancé revoyait avec bonheur cette terre de la Beauce si remplie pour lui de souvenirs. En passant à Auneau, il veut visiter l'antique et remarquable église de Saint-Maur, boire l'eau de sa fontaine et puiser dans la prière « l'espérance pour l'âme et le saint courage de la vie ».

A l'étape suivante, à Houdan, après avoir parcouru les ruines du vieux château histori-

que des rois de France, il étudie, dans ses
détails, la vieille église « où tous les siècles
ont marqué leur empreinte, avec ses chapel-
les historiques, témoin véridique d'une grande
histoire, rajeunie dans toute sa beauté, quand
tant de grandeurs sont tombées autour d'elle. »
Rempli de ces pensées, l'aumônier revenait
vers ses chers soldats, leur communiquait ses
impressions, tout heureux de les leur voir
partager.

Au cours de ces grandes manœuvres, l'abbé
Morancé reçut, en même temps que MM. les
généraux et princes étrangers, une invitation
à dîner chez M. le maréchal Président de la
République. Ce jour-là, 10 septembre 1878,
il remarqua une certaine préoccupation dans
l'attitude du maréchal de Mac-Mahon, dont le
cœur ne lui parut pas tout à la joie. La pers-
pective de l'avenir, l'état permanent d'incer-
titude et d'anxiété qui planait sur le pays, ne
pouvait manquer d'être, pour le Président de
la République, un sujet d'inquiétude. L'on
touchait aux élections du 14 octobre.

Installé pour la fin de la campagne à l'école
vétérinaire d'Alfort, l'abbé Morancé, fidèle au
devoir, visitait les infirmeries, réunissait ses
fils autour de lui dans les moments libres,

suivait les différents exercices, assistait aux combats. Entre temps il faisait une promenade avec le général en chef, ou avec « le vénérable aumônier de Charenton, un prêtre des anciens jours, dont la conversation faisait du bien... » Ensemble ils cotoyaient les bords de la Marne, en admirant cette riche vallée « dont la contemplation élevait leur âme vers l'Auteur de tout bien. C'était beau comme un sourire de la bonté de Dieu... »

Il faudra bientôt quitter ces sites charmants. Les opérations militaires touchaient à leur fin. Le 15 septembre, la grande revue était passée et les troupes allaient reprendre le chemin de leurs garnisons respectives.

Peu de jours après son retour au Mans, l'abbé Morancé prévit l'épreuve qui, à quelque temps de là, devait l'atteindre. N'avait-il pas écrit : « La tristesse est le fond même de l'existence et nous devons traîner jusqu'au tombeau la longue chaîne de nos espérances trompées. Pour communiquer la résignation, pour porter aux cœurs malades le mot juste qui ne s'apprend dans aucun livre, il faut avoir souffert. « C'est une des grâces d'état. » Dieu la lui avait accordée. Il ne devait pas la lui retirer.

Son courage et sa patience devaient toujours demeurer à la hauteur de l'épreuve de quelque côté qu'elle vint. « Attendez patiemment l'heure du Bon Dieu », lui écrivait un ancien vicaire général, « je sais vos ennuis, je les comprends et je les sens ; mais je sais aussi que vous êtes soldat, et qu'un soldat doit rester à son poste, tant que le Bon Dieu ne l'en a pas relevé. » Son attachement à ses chers soldats, son zèle à leur faire du bien semblait grandir en raison même des difficultés qui lui venaient d'ailleurs. N'était-ce pas toujours sa mission de sourire aux impatiences de ses enfants, de les reprendre sans les irriter? son privilège de n'agir sur eux que par la persuasion, sa récompense de gagner leur cœur ?

C'était aussi sa consolation de rendre hommage, en toute circonstance, à l'héroïsme des vaillants dont il avait partagé les fatigues et les souffrances.

Le dimanche 27 octobre 1878 avait lieu à Courcebœufs, l'inauguration d'un monument élevé à la mémoire des Francs-Tireurs manceaux, des Mobiles de l'Orne, et des soldats du 41ᵉ de ligne qui, dans la journée du 12 janvier 1871, étaient tombés au champ d'honneur.

La bénédiction du monument fut précédée du chant des vêpres des morts. Dans la petite église de Courcebœufs avaient pris place M. Deschamps maire de la commune et ses conseillers municipaux, M. le secrétaire général de la préfecture, MM. Haentjens et Léopold Galpin députés, M. Letessier ex-commandant des mobiles de l'Orne, M. Paillard-Ducléré, conseiller général, MM. Leporché et Maslin conseillers-municipaux du Mans. M. le curé-doyen de Ballon, entouré de nombreux ecclésiastiques, présidait la cérémonie, à laquelle les musiques réunies de Souligné-sous-Ballon et de Savigné prêtaient leur concours. Une foule compacte remplissait l'église. A l'issue des vêpres on se rendit processionnellement à l'angle des routes de Courcebœufs à Savigné et à Beaufay. C'est là qu'avait été élevé le monument.

Après le chant de l'absoute, M. l'abbé Morancé, qui avait sa place marquée à cette cérémonie, rappela le triste souvenir du combat de Courcebœufs, dans un langage plein de Foi et de patriotisme. Voici quelques passages de son discours :

« Ces pierres, disait-il, sont un juste hommage à la mémoire des mobiles de l'Orne,

aux Francs-Tireurs manceaux et aux soldats
du 41ᵉ de ligne... »

« La croix qui les surmonte est le signe de
la Foi et la Foi est la grande école du patriotisme. L'honneur est son fruit, comme dit si
bien le livre de la Sagesse : *Flores mei fructus
honoris.* »

« Ah! laissez-moi, vous le dire, c'est tout
naturel sur mes lèvres, c'est que la Foi ne
ramollit pas les âmes. Elle fortifie au contraire la discipline, à ce point qu'on dirait que
ces deux choses se fondent, n'en font plus
qu'une, puisque la Foi est la première discipline de l'âme. L'une naît de l'autre, car
lorsqu'on croit en un Dieu juste, rémunéra-
teur, on obéit sans murmure, et le sentiment
du devoir s'élève jusqu'au dévouement, va
jusqu'au sacrifice. »

« Ah! messieurs, soit bénie la pensée qui
a inspiré le monument que vous inaugurez
en ce jour! »

« Au pied de ce granit qui témoigne de
la valeur de nos soldats, vos mains pieuses
vont déposer leurs ossements comme les piè-
ces à l'appui... »

« Et l'Église va les bénir, car l'Église aime
ses fils qui meurent pour la patrie, comme

aussi ceux qui aiment l'Église aiment la France... Messieurs, ces deux amours ne se séparent jamais!.,.

« Habitants de ces contrées, lorsque traversant vos campagnes vous apercevrez cette tombe désormais confiée à la garde de votre patriotisme, découvrez-vous avec respect, saluez-la du cœur, faites une courte prière et dites à vos enfants : »

« Voilà ce qu'ont fait de jeunes soldats,
« vos aînés. Pour protéger vos familles et
« soutenir l'honneur de leur bataillon, ils sont
« venus trouver ici la mort, la mort devant
« laquelle leur belle jeunesse s'est courbée,
« avec l'héroïsme austère du devoir. »

M. le secrétaire général de la préfecture, MM. Haentjens et Galpin prirent successivement la parole. M. Paillard-Ducléré vint à son tour placer quelques mots bien sentis, et M. le Président du Comité, en retraçant le long historique du combat de Courcebœufs, sut trouver un mot de remerciement à l'adresse de tous ceux qui avaient contribué à l'érection du monument.

Quelques jours plus tard, le 4 décembre, les artilleurs célébraient la fête de leur patronne : Sainte Barbe.

« Sous le coup d'un immense deuil récent, dont les conséquences n'atteignaient pas que lui, le cœur brisé d'une inexprimable angoisse, M. Morancé revenait de conduire des orphelins et descendait la rue Basse, assez peu disposé à rire. Comme il arrive lorsqu'on est dans une semblable situation morale, la grosse joie des artilleurs lui faisait mal. Il marchait sur le trottoir, dans l'ombre, évitant d'être reconnu par ceux qui venaient en sens contraire, quand à la hauteur de la rue aux Lièvres, il fut aperçu par un groupe arrêté, indécis sur la résolution qu'il devait prendre et le chemin qu'il fallait suivre. »

« Un brigadier avec gaîeté mais poliment, s'avance vers lui : « Bonsoir, Monsieur l'aumônier!... »

Malgré son chagrin, il était impossible au bon aumônier de se détourner de ses fils.

« Mes enfants, leur dit-il, où allez-vous de ce pas? — Mais Monsieur l'aumônier nous allons boire..., c'est la Sainte-Barbe... Permission de minuit... — Il me semble, mes fils, que c'est assez comme cela... Allons! demain il faudra reprendre la vie sérieuse, vous n'en pourrez plus....., gardez les quelques sous qui vous restent pour un raffraîchissement après l'exercice. Allons! venons ensemble!

J'étendis mes grands bras, raconte l'aumônier, comme pour leur barrer le passage.
« Voyons, mes fils, soyons raisonnables...
faisons route ensemble.. » Ils obéirent et
suivirent comme des enfants. A l'un qui
cherchait à lui échapper, « ne trichons pas,
dit-il, venez bien tous, mes fils!.. Et ils des-
cendirent en causant. »

Il les conduisit tous au quartier et ne les
abandonna qu'après s'être bien assuré que la
grille ne se rouvrirait pas sur eux.

« Douce Vierge de Nicomédie, écrivait à
cette date l'abbé Morancé, bonne sainte Barbe,
sur cette terre, aujourd'hui, comme au temps
où vous viviez, les hommes sont des enfants.
Ne détournez pas d'eux, vos regards. Pardon-
nez ces joies grossières. Couvrez de votre protection les arsenaux qui renferment la défense
de la patrie, et ceux qui apprennent ici à
sauver son honneur!

« Levez vos mains virginales qui ont reçu le
privilège, non de lancer la foudre, mais de
l'écarter! Bénissez ces enfants pour lesquels
tant de mères tremblent et prient, et soyez
la patronne quand même, des pauvres artilleurs!... »

CHAPITRE XXIV

LA SITUATION. — VIVOIN. — LA LOI DU 8 JUIN
1880 ET SES CONSÉQUENCES. — « JOURNAL
D'UN AUMÔNIER DE GARNISON EN TEMPS DE
PAIX ». — ÉPREUVE ET RÉSIGNATION. —
CONSOLATIONS. — LA FAMILLE. — LES AMIS.

Au point de vue pécuniaire, la situation
de l'aumônier du 4ᵉ corps demeurait fort
précaire. La générosité des officiers reconsti-
tuait chaque année son traitement supprimé
par la loi de finances du 30 décembre 1876.
Autant par délicatesse que par scrupule, il
ne crut pas devoir continuer plus longtemps
d'accepter ces largesses.

Le général Deligny aurait désiré obtenir
de Monseigneur d'Outremont, en faveur de

l'abbé Morancé, une situation au Mans, lui permettant de continuer ses fonctions d'aumônier militaire (1).

Il devait en être autrement.

Ce fut une déception cruelle pour l'aumônier et pour toute la garnison. Le 18 janvier 1879, M. Morancé était nommé curé de Foulletourte. Un instant, l'on put espérer encore conserver aux soldats leur aumônier. De nouvelles démarches furent tentées. Les circonstances les empêchèrent de réussir, et quelques jours après (23 janvier 1879), l'abbé Morancé recevait sa nomination à la cure de Vivoin.

L'heure du sacrifice avait sonné. « Dieu, écrivait-il alors, ne demande pas de trouver doux ce qui est amer, indifférent ce qui fait souffrir et déchire le cœur, mais de s'abandonner à sa volonté très sainte sans révolte. »

Eloigné de ses chers soldats, comment pourrait-il continuer d'exercer sur eux une salutaire influence ? Si encore il eut été remplacé, son sacrifice tout personnel serait

(1) Lettre du général Deligny à Mgr d'Outremont, 7 fév. 1877.

devenu moins pénible!... Qui donc désormais accueillira avec cordialité le jeune conscrit arrivant à la caserne? Qui lui conseillera avec bonté de se montrer toujours discipliné et obéissant à ses chefs? Qui lui prêchera, avec l'autorité voulue, l'horreur de la débauche qui dégrade le corps et l'âme? Qui le relèvera dans ses défaillances? Qui remplacera, par des conseils désintéressés et une affection sincère, la famille absente? Personne. C'était la mission du prêtre : le prêtre seul pouvait la remplir.

Comment, à distance et par intervalles, exercer sur ces jeunes hommes une action efficace? Il en est de certaines natures comme de certaines plantes, elles réclament des soins assidus. Si vous les abandonnez un instant, si vous n'êtes pas là pour profiter des occasions, voire même pour les faire naître, c'en est fait, vous n'obtiendrez rien. Toutes ces pensées ajoutaient encore aux regrets du pauvre aumônier. Il s'efforçait d'éteindre en lui-même le désir de ce qui passe pour se confier entièrement à la Providence et ne vouloir plus désormais que ce qu'Elle voulait, quand et comment Elle le voulait.

Aussi bien les évènements se précipitaient. Le général Deligny quittait le commandement du 4ᵉ corps au commencement de février 1879, et l'année suivante la loi du 8 juin 1880 supprimait tout service religieux en temps de paix. M. Morancé était maintenu quelque temps après comme aumônier, mais seulement en cas de mobilisation.

C'en était fait.

Officiellement Dieu et la religion étaient chassés de la caserne. A son arrivée au régiment, le jeune soldat se verrait désormais contraint de cacher ses principes et ses habitudes religieuses. A l'âge où l'inexpérience des choses de la vie exigerait pour lui un guide éclairé et sûr, ce jeune homme, « jeté dans un milieu nouveau où les passions marchent tête levée et sans voile, où la vie chrétienne est regardée comme un ridicule dont on se cache, comme d'un travers dont on rougit », que deviendra-t-il, entièrement abandonné à lui-même ? Il verra les traditions et les exemples de la famille remplacés le plus souvent par de viles bouffonneries, d'obscènes propos, de grossiers et cyniques excès. Peut-être ne reniera-t-il pas de suite ses sentiments de piété et de pudeur, mais il manquera de courage pour les produire et les faire respecter. Il craindra d'être raillé par quelque fanfaron du vice, il reculera devant une mauvaise plaisanterie, lui qui ne bougerait pas en face de l'ennemi (1).

Il est vrai que la loi de 1880, en supprimant le service religieux de l'armée, en temps de paix, dans les casernes, ne défendait pas aux soldats d'aller remplir ailleurs leur devoir de chrétien. Il semble même qu'on voulut sauvegarder leur liberté de conscience. Le général Farre, alors ministre de la guerre, parlant au Sénat dans la journée du 23 juin 1880, en consacrait le droit en ces termes : « Cette loi me fait un devoir de veiller à ce que chaque soldat ait la liberté d'accomplir ses devoire religieux. Ses prescriptions seront exécutées, j'y veillerai. » Et il ajoutait : « On ne peut demander pour le soldat qu'une chose, c'est que la liberté nécessaire lui soit donnée pour assister aux offices ou pour remplir ses devoirs religieux. Or, cette liberté lui est garantie par la loi et elle lui restera assurée. »

(1) V. Lettre de Mgr de Saint-Brieuc sur les Œuvres militaires. — Nov. 1886.

C'est dans ces conditions que fut votée la loi du 8 juillet 1880. Les revues du dimanche furent supprimées afin de laisser aux soldats l'emploi libre de leur temps. L'article 70 de la loi du 27 juillet 1872 et le décret présidentiel du 10 août suivant, annexés officiellement et à perpétuité à la loi du 8 juillet 1880, prescrivent aux colonels d'assurer à leurs soldats les moyens de pratiquer leur religion. « Le colonel, est-il dit dans le décret, doit laisser aux militaires de tous les cultes le temps et la liberté nécessaires pour l'accomplissement de leurs devoirs religieux. Il règle le service de manière qu'ils puissent assister aux offices les dimanches et jours de fêtes. Dans la semaine, si des permissions exceptionnelles sont nécessaires à quelques-uns d'entre eux pour la pratique de leur religion, il les accorde dans des permissions aussi larges que le permettent les exigences du service. »

Au début, il en put être ainsi. Dans certaines villes l'aumônier fut maintenu comme aumônier volontaire (1). Ne pouvant même

_____

(1) Depuis quelques années ce poste d'aumônier volontaire a été rempli. Les soldats de la garnison du Mans peuvent s'adresser à M. l'abbé Pottier, rue Maupertuis, 9.

pas remplir cette mission, M. Morancé ne pouvait plus rien pour le bien de ses chers soldats.
Aussi bien l'on devait trouver moyen, en
maintes circonstances, d'interpréter la loi
dans un sens contraire au principe de la
liberté de conscience du soldat, et s'il eut
été plus facile à l'aumônier d'obtenir plus de
satisfaction et d'heureux résultats, il lui eut
été pénible de voir son action circonscrite,
sinon entravée.

La caserne semblait appelée désormais à
devenir une école d'impiété et d'immoralité,
où, toute la jeunesse de France, sans exception,
cette jeunesse déjà amollie, pour la plupart
gâtée par une éducation sans grandeur et
sans principes solides, ces enfants du calcul
si souvent, viendraient enfouir les derniers
restes de leurs sentiments de foi et d'honneur. Bien forts, et d'une vertu à toute
épreuve, ceux qui pourraient échapper au
naufrage.

Mieux valait s'éloigner qu'assister à ce spectacle. Il est toujours pénible de se survivre à
soi-même et de voir péricliter son œuvre
entre ses propres mains. Cependant, même
dans ces circonstances, l'abbé Morancé regret-
tait sa mission si hérissée fut-elle de difficul-

tés. Il savait, pour l'avoir expérimenté souvent que, « si tout les âges subissent également la douce influence de la charité, il en est sur lequel cette influence est plus particulièrement puissante, c'est la jeunesse. Les jeunes gens ne savent pas résister aux séductions de la bonté. Qui les aime en fait ce qu'il veut. »

Plus d'Aumônier de garnison, plus de père pour aimer les soldats, d'ami pour les encourager et les consoler, de guide pour les conduire, plus de voix pour leur rappeler Dieu, l'âme, le devoir, la vertu...

Telles devaient être les conséquences de la retraite de l'abbé Morancé. Il les entrevoyait mieux que tout autre, ce qui ajoutait encore à ses regrets.

Mais n'était-il pas de ces âmes qui comprennent que le sacrifice est le dernier mot de toute action féconde et qui savent dès lors s'immoler, trouvant au milieu de leurs peines, dont Dieu seul a le secret, d'indicibles consolations ?

« Y aura-t-il encore des Aumôniers », écrivait-il alors, « serai-je du nombre ? je ne sais, je ne puis m'offrir, mais je suis prêt. Si je n'écoutais que mon cœur, je ferais des vœux pour aller vers ceux qui souffrent, peu m'importe que le sable africain où la terre de France gardent ma pauvre dépouille jusqu'au jour que le bon Dieu sait... Mais il y a au-dessus de toute considération, de tous projets, de tous désirs, cette grande parole : *Père saint, que votre volonté soit faite en la terre comme au ciel*, c'est-à-dire avec amour (1). »

De grandes consolations vinrent heureusement marquer les débuts de son ministère à Vivoin, et d'heureux résultats récompensèrent son zèle et sa piété.

Parmi les officiers et les soldats de la garnison du Mans, bon nombre venaient rendre de temps en temps visite à leur ancien Aumônier. Certains le sollicitaient de faire imprimer les petits cahiers qui couraient jadis les salles et les infirmeries des casernes. L'abbé Morancé résista jusqu'au jour où les demandes devenant plus pressantes, on lui démontra que par là il pourrait peut-être encore quelque bien pour ses chers soldats. Il se mit à l'œuvre, et réunit ses « souvenirs de cœur, recueillis jadis dans ce pauvre ordinaire

1) Lettre à son frère.

14

de sa vie d'Aumônier, écrits dans le brouillard de la vallée tour à tour tristes ou gais, touchants ou originaux, toujours vrais (1). »

Ces notes écrites « au jour le jour, dans un coin de l'infirmerie, à l'ombre d'un sapin du polygone de Pontlieue, par intervalles, sans l'ombre de liaison, aux heures perdues, » nous montrent bien ce que fut le passage de l'Aumônier du 4e corps au milieu des troupes de la garnison du Mans.

Placé dans un milieu dont les difficultés au premier abord paraissaient invincibles, milieu extrêmement délicat, susceptible même, entre des hommes honorables consommés dans la vie et des jeunes gens pleins d'illusions, l'Aumônier a pu voir bien des contrastes, être le témoin de bien des actes de vertus... Il a su faire beaucoup de bien, et quoiqu'il n'ait pas tout dit, c'est ce qui ressort clairement de la lecture de son livre.

Écrivain distingué et conteur charmant, l'abbé Morancé se retrouve tout entier dans ses notes. Il y aborde toutes les questions : Religion, littérature, philosophie, tout cela

1 *Journal d'un Aumônier de garnison* (Préface).

mêlé à des anecdotes amusantes, à des portraits tracés de main de maître. Ce livre eut le même succès que son aîné : *Un régiment de l'armée de la Loire.* Bon nombre de jeunes gens avaient pris l'initiative de souscrire d'avance. La presse du département et de la capitale en firent un éloge mérité (1).

Écrit sous la triple inspiration de la Foi religieuse de l'esprit et du cœur, on y sent courir, disait l'*Union,* « ce souffle généreux de patriotisme chevaleresque et de foi chrétienne, qui vient si naturellement d'un cœur où reposent, avec une dignité fière, la croix du Christ et la croix de l'Honneur. »

Ce sont les mêmes sentiments qui inspiraient M. Morancé, lorsqu'au 10 novembre 1881, il prononçait à Beaumont, sur la tombe d'un brigadier de gendarmerie, mort victime du devoir, cet éloquent discours où il retraça en termes émus la vie modeste et dévouée du brave brigadier Genre (2).

. . . .

. . . .

---

(1) *La Sarthe,* 4 mai 1881. L'*Union de la Sarthe,* 7 mai 1881. *Journal de Mamers,* 5 juin 1881, etc.

(2) L'*Union de la Sarthe,* 12 novembre 1881. *Journal de la Gendarmerie,* 43e année, 5 décembre 1881.

L'heure de l'épreuve avait sonné de nouveau pour l'abbé Morancé.

Quoique naturellement porté par tempérament et par caractère à adoucir tout ce qui peut amener le heurt entre les hommes et le froissement des amours propres, il n'y put réussir à Vivoin, et ce lui fut l'occasion de nombreux ennuis.

Méprisant également toutes les ruses, et toutes les calomnies, bon jusqu'aux limites de la faiblesse, mais ne sacrifiant rien de sa dignité ni des principes, il ne connaissait qu'une chose, le droit et la justice. S'il se trompa, il est un fait certain, c'est qu'il eût été difficile de se tromper avec des intentions plus pures. Ce fut vertu chez lui, de subir une humiliation en acceptant son changement. Aussi, lors de la nouvelle de son départ de Vivoin, une pétition signée par cent quatre-vingt-dix-sept chefs de maison sur deux cent neuf que renferme la paroisse, fut adressée à Monseigneur l'Évêque du Mans.

Son entier abandon en la très sainte Providence et son complet détachement de tout, qui faisaient sa force auprès des esprits droits et élevés, lui donnaient aussi d'envisager l'avenir sans crainte.

« Il arrivera, disait-il, ce que le bon Dieu voudra (1). »

L'heure inévitable où chacun de nous doit faire ici bas sa veille douloureuse au jardin de Gethsémani, devait se prolonger encore pour l'abbé Morancé.

Le calice s'était offert à ses lèvres rempli de toutes les amertumes.

Être enlevé à la tâche où il avait mis le meilleur de lui-même pour retomber au milieu de difficultés inexplicables, lui faisait redire avec le chantre des *Méditations*.

« *Toute l'eau de la vie eût le goût du calice !* » Aussi, à cette âme si délicatement sensible, il fallait une goutte de consolations humaines.

Il devait la trouver dans sa famille et auprès de ses véritables amis.

C'est là qu'il venait chercher le dictame pour les blessures de son cœur. Lui que les combats, la mort planant à chaque instant sur sa tête, les misères des douloureuses marches d'hiver, etc., etc .. avaient trouvé invulnérable, frémissait maintenant à tout

______

(1) Lettre à son frère.

coup d'épingle porté dans la région du cœur. Ah! c'était bien là, chez l'abbé Morancé, l'endroit sensible!

Il arrivait découragé... il repartait consolé, fortifié, après avoir cueilli dans le cœur de ses proches et de ses amis, la manne de son désert : l'affection.

Avec quel bonheur il accourait au milieu des siens, pour y goûter les joies de la vie de famille ; et comme il aimait lui-même à les recevoir chez lui? Dans les souffrances physiques et morales, il fait si bon se faire soigner par une mère, un frère, une sœur!...

Avec quel abandon il versait dans le cœur de son jeune et « bien-aimé frère » le trop plein de ses souffrances, de ses inquiétudes!...

Les lettres de l'aumônier du 33ᵉ disent assez combien la confiance entre eux était entière.

Avec l'affection des siens le « viatique de l'amitié » devait fortifier son âme pour le reste du voyage.

Il nous sera permis de citer quelques noms parmi les vaillants amis qui entourèrent M. Morancé d'une affection non moins constante que délicate.

Parmi les plus chers, il ne sera pas indiscret de placer Monsieur le marquis et Madame la marquise de Longueval d'Haraucourt.

Au premier cri : La Patrie est en danger, le marquis fidèle aux nobles traditions de sa race s'était engagé, comme volontaire, dans le bataillon des zouaves de Charette (1). Il vit l'aumônier du 33ᵉ à l'œuvre sur les champs de bataille. Un même amour de la Patrie créa bientôt entre le prêtre vaillant et le fils des croisés, des liens que le temps et les évènements devaient resserrer encore davantage.

Plusieurs fois chaque année, M. Morancé venait au château de Chemiré-le-Gaudin, goûter les charmes de l'amitié. Souvent il y vint chercher des consolations... il en apportait toujours. Quand les yeux d'un père et d'une mère se mouillaient de larmes au souvenir d'une fille unique, admirable enfant,

1) M. l'abbé Léon Morancé, dans une page touchante, a rappelé la brillante histoire des de Longueval. Il nous les a montré aux croisades et sur les champ de bataille de Crécy et d'Azincourt, parmi les preux qui suivirent l'oriflamme de Jeanne d'Arc. V. *Marie-Louise de Longueval d'Haraucourt* par l'abbé Léon Morancé, Paris 1886. Librairie des Bibliophiles.

« belle et douce comme les anges » et sitôt retournée vers Dieu, il pressait leurs mains, en leur rappelant les immortelles espérances de l'éternel revoir... Alors la vision du 21 janvier 1881, jour où l'âme de Marie-Louise de Longueval s'était envolée au ciel, leur semblait moins pénible... « Là où l'amitié existe, il y a échange, dit saint François de Sales. C'était ce pur et pieux échange de consolations qui s'établissait entre les habitants du château de Chemiré et l'ancien aumônier du 33ᵉ.

Le partage des mêmes dangers et des mêmes souffrances, comme aussi la même foi et la même ardeur patriotique, avaient rapproché l'un de l'autre, l'abbé Morancé et M. Joseph Vétillart officier au 33ᵉ. Ils avaient vécu l'un près de l'autre dans cette douloureuse marche semée de combats qu'a parcourue l'armée de la Loire. Comme David et Jonathas, ayant fraternisé sous la tente, leurs cœurs s'étaient unis l'un à l'autre. Le souvenir de cette douce amitié se trouve à chaque page des *récits* du brave aumônier.

Il faudrait nommer encore M. R. de Nicolaï, M. Couturier, M. de Musset, etc., etc.

La Divine Providence semble avoir ménagé

à chaque étape de la vie de l'abbé Morancé, les consolations et les joies de l'amitié.

Au Mans, ce fut M. Ch. Cosnard dont le cœur si bien fait pour comprendre les nobles sentiments et les affections généreuses, ne pouvait manques de s'attacher à M. Morancé. Ami de l'aumônier, du curé de Vivoin, du curé de Cherré, du curé de Rouillon, il le fut jusqu'à la tombe, et au-delà, car ce *Memento* est dû à son initiative. Si l'image de l'aumônier du 33ᵉ n'y prend pas son complet relief, la faute en est à la main trop inhabile qui a voulu répondre au sympathique appel de l'amitié, et dont il ne faut voir et juger que la bonne intention.

A Rouillon, M. Morancé devait rencontrer dans M. le comte de Chasteignier l'affection et le dévouement d'un parfait gentilhomme (1). Paroissien modèle, il estimait, il aimait son pasteur ! Il en était fier et c'est avec des larmes bien amères, qu'il pleurera sa mort prématurée. Il voudra que la dépouille mortelle de M. Morancé repose près des sépultures des

---

(1) M. le comte de Chasteignier était dans la Sarthe le réprésentant du Roi. Mgr le comte de Chambord n'eût pas de serviteur plus respectueusement dévoué.

de Chasteignier au pied de la vieille croix de granit qui étend sur eux tous ses bras protecteurs.

Qu'ils soient bénis les amis généreux qui ont su comprendre ce grand cœur et l'aider aux heures sombres que le chrétien lui-même ne saurait éviter.

CHAPITRE XXV

« Les évènements ne sont jamais absolus,
le malheur est un véritable marchepied pour
le génie, une piscine pour le chrétien (1). »

L'épreuve amoindrit les petits caractères,
elle élève les grands.

Dieu semble l'avoir attachée à la vie de
l'abbé Morancé. L'âme du prêtre ainsi jetée
dans le creuset de la souffrance grandit et
se fortifie dans la flamme qui la consume.
Elle est un autel où l'immolation doit être en
permanence.

(1) Balzac.

Nommé curé de Cherré le 18 septembre 1881, M .Morancé prenait possession de cette cure dans les premiers jours d'octobre. Il connaissait Cherré pour y être venu rendre un dernier hommage au souvenir d'un de ses anciens sous-officiers de mobiles, le comte Marcel de Jumilhac, dont il avait recueilli jadis le dernier soupir. A peine arrivé, il se met à l'œuvre. Les difficultés étaient nombreuses : mais il parvint promptement à dominer la situation.

« Cette paroisse n'avait pour église qu'une écurie, et le presbytère était une maison d'emprunt.En face de difficultés sans nombre, il ne se découragea pas, supportant avec résignation les déboires dont il était accablé de tous côtés. Avec son énergie bien connue et sa grande douceur, il sut tenir tête à l'orage (1). »

Il obtint le rétablissement des processions.

« Le projet de reconstruction de l'église ayant été de nouveau rejeté, il accepta un plan de restauration. Ainsi il put rendre à Dieu un temple digne de Lui, et avec l'aide de ses

____

(1) *La Sarthe*. 13 Février 1886.

paroissiens et de ses nombreux amis, il orna cette modeste chapelle avec un goût exquis, attachant son nom à une œuvre qui perpétuera, dans cette paroisse, le souvenir .de ses nombreux bienfaits. »

Là, comme à Vivoin, il réunissait le soir chez lui, de nombreux jeunes gens qui aimaient les récits charmants et pleins d'intérêt qu'il savait si bien narrer (1). » Au milieu d'eux et de leurs fêtes, organisées le plus souvent en son honneur, le bon pasteur se sentait heureux et consolé.

Là encore sa bourse et son cœur étaient toujours ouverts à tous ceux qui venaient lui demander aide et protection. Comme jadis sur le champ de bataille, il eut encore l'occasion, dans une douloureuse circonstance, de prodiguer ses soins aux malheureux blessés, victimes d'un accident de chemin de fer arrivé en gare de La Ferté-Bernard au milieu de la nuit. On le vit avec son sang-froid accoutumé, retirer les blessés de dessous les décombres et assister lui-même à toutes les opérations qui furent jugées nécessaires. Ces blessés,

(1) *La Sarthe*, samedi 13 février 1886.

comme ceux de 1870, l'appelaient Monsieur l'Aumônier, et lui les encourageait avec sa douce parole, à supporter leurs douleurs, les traitait comme ses enfants du 33ᵉ tombés dans les plaines de la Loire.

Les ressorts de sa vie s'étaient usés dans les fatigues du dévouement, mais plus encore dans l'agitation et les tristesses des luttes qu'il avait soutenues pour la cause du bien.

Il put espérer un instant, la cure de la Chapelle-Saint-Aubin, où tant de souvenirs l'attiraient. Là un sien aïeul, vaillant chré-tien, avait sauvé pendant la révolution, au péril de sa vie et l'église qui subsiste encore et les meubles qui l'ornaient (1).

Une fois encore ses espérances furent déçues..!

Depuis quelques années sa santé donnait de sérieuses inquiétudes, et trahissait même son courage et son dévouement. Le travail le fatiguait et cependant il trouvait un charme particulier à préparer une nouvelle édition de ses deux livres sous un même titre : « *Récits*

_____

(1) Il fut même un moment question de l'aumônerie du Prytanée.

*d'un Aumônier militaire en temps de guerre et
en temps de paix* (1). »

A quelques mois de l'apparition de cet
ouvrage l'auteur jouira d'une bien vive satisfaction lorsqu'il saura qu'une des phrases du
premier Mandement du nouvel Évêque du
Mans, lui aura été inspirée par la lecture de
son livre (2).

« Le 26 juin 1885, Monseigneur Labouré
a daigné me dire que la phrase suivante de
son premier Mandement lui avait été inspirée
par la lecture de mes livres : « Et, hier encore,
« vos enfants ont montré aux portes de notre
« ville épiscopale qu'ils savent unir dans une
« même ardeur de sentiments Dieu et la
« Patrie... » Mandement n° 1, p. 15. »

Pressé par le besoin de prendre quelque
repos, M. Morancé demandait et obtenait la
cure de Rouillon. Il y arrivait le 2 juillet 1885.
Là du moins il devait trouver la paix. Il ne
tarda pas à conquérir l'estime et l'affection
de tous.

Invité aux fêtes qui eurent lieu au Mans
le 15 août, pour l'érection de la statue du

(1) 4e édition, 2 vol. in-12.
(2) Note manuscrite de M. Morancé.

général Chanzy, il y eut une place d'honneur. La veuve du général et l'amiral Jauréguiberry, eurent pour l'ancien Aumônier de l'armée de la Loire des paroles particulièrement flatteuses (1).

Quelques semaines plus tard, l'ancien Aumônier des Mobiles de La Sarthe, allait rendre un dernier hommage à la mémoire d'un autre vaillant, dont il avait aussi partagé les fatigues et les épreuves, le commandant de Musset. En face de son cercueil il prenait la parole pour rappeler, en termes particulièrement délicats, les grandes et nobles vertus de M. le commandant du 3ᵉ bataillon « soldat et chrétien à plein cœur, sans subterfuge, sans équivoque ni forfanterie (2). »

L'heure n'était pas éloignée où d'autres

(1) L'abbé Morancé en fut frappé, car il a noté lui-même cette marque de bienveillance : « 15 août 1885. Paroles extrêmement bienveillantes de M. l'amiral Jauréguiberry que je ne puis répéter mais qui resteront gravées dans mon cœur.»

(2) Discours de M. Morancé, 3 octobre 1885. M. le Marquis Georges de Musset-Cogners, ancien commandant des Mobiles de la Sarthe, chevalier de la Légion d'honneur, habitait le château de la Croix, à Marolles, près Saint-Calais. Cinq mois de vie commune et intime au milieu des dangers et des périls de la guerre avaient scellé l'amitié de l'Aumônier et du Commandant du 3ᵉ bataillon.

viendraient rendre le même devoir, faire
entendre le même éloge sur la propre tombe
du brave Aumônier. Le 7 février 1886, après
une courte maladie, pendant laquelle l'affection d'un frère et le dévouement d'une
mère, l'entourèrent des soins les plus délicats,
M. l'abbé Morancé rendait son âme à Dieu
et entrait dans la paix du Seigneur.

« Mourir avec la joie sacrée qu'on n'a jamais
fait le moindre mal à une seule âme ! Mourir
en se rendant ce témoignage qu'on n'a
jamais étendu d'un pouce l'empire du mal
sur la terre, mais qu'on a étendu au contraire
les limites sacrées de l'empire du bien, qu'on
a dépensé ses années et ses forces à soutenir
le règne de la vérité et de la justice ! Quelle
joie, quelle consolation, quelle ferme assurance, au milieu des ombres du dernier
soupir (1). »

A qui mieux qu'à lui-même appliquer ces
paroles de l'abbé Morancé ?

Sa mort fut un deuil profond pour sa
famille, pour sa paroisse, pour l'armée et
pour ses nombreux amis.

(1) *Récits*, t. II, p. 231.

Ses obsèques eurent lieu à Rouillon le 10 février. Dès neuf heures du matin, une foule considérable se pressait dans l'église (1) et dans la maison mortuaire.

Les nombreux amis que M. l'abbé Morancé avait aimés, encouragés et aidés autrefois étaient accourus lui dire un dernier adieu ; les officiers et les soldats de la garnison du Mans, les anciens Mobiles ne l'avaient pas oublié et étaient venus lui témoigner, une fois encore, leur vénération et leur reconnaissance. Les honneurs militaires lui furent rendus par un piquet d'honneur et par une compagnie du 104e. La cérémonie funèbre était présidée par M. l'abbé Geslin, curé-archiprêtre de la Couture. Voici les paroles adressées par lui à la nombreuse assistance, en faisant la recommandation de l'âme du défunt.

« Nous recommandons à vos prières, vénérable et discret Maître, M. l'abbé Charles-Louis Morancé, curé de Rouillon, ancien Au-

(1) Le vénéré défunt avait le projet d'élever un monument à la mémoire de deux évêques du Mans, nés à Rouillon. Il y aurait fait graver cette inscription « *Hic nati sunt qui multum orant pro populo et universâ civitate, sancti pontifices Dei* » *Victurius et Victorius.* Mach. XI. 25.

mônier du 33ᵉ mobile, Aumônier supérieur du 4ᵉ corps d'armée en cas de mobilisation, chevalier de la Légion d'honneur.

« Prêtre au cœur vraiment d'or, il s'est montré partout et toujours l'homme de Dieu et l'homme du dévouement. Tel on l'a connu en 1870, se prodiguant à tous sur les champs de bataille, dans les ambulances auprès de ses chers blessés ; tel on l'a vu plus tard au milieu de ses soldats et de ses chers officiers de la garnison du Mans, pendant les quelques années qu'il passa au milieu d'eux ; tel enfin il est arrivé en cette modeste paroisse, se prodiguant à tous sans distinction, où son souvenir restera vivant malgré le peu de jours passés au milieu de ses nouveaux paroissiens. Son souvenir est si doux qu'il ne sera jamais oublié de ceux qui l'ont connu et il vivra surtout dans le cœur de ceux qu'il aimait à appeler ses compagnons d'armes. »

« Il faut s'incliner sous cette main qui nous frappe tous, et prier pour que cette âme vaillante qui entre dans le repos éternel qu'elle a si bien mérité. »

Au cimetière, M. le vicomte de la Thouane, colonel du 33ᵉ Mobiles, a prononcé le discours suivant :

Messieurs,

« C'est avec une vive et sincère émotion que je viens dire un dernier adieu à M. l'abbé Morancé. Cette émotion sera partagée par bien des cœurs, car il n'a été oublié par aucun de ceux qui ont pu apprécier sa bienveillance, son inaltérable dévouement.

« En 1870, il venait se proposer comme aumônier à Monseigneur Fillion et prenait son service spécialement auprès des bataillons du Mans et de Saint-Calais. En quelques jours, il savait se faire accepter et rechercher par tous.

« C'est que dans ces durs moments où, pour faire son devoir, on a laissé derrière soi tous les êtres aimés, lorsque l'on sait que l'éternité peut s'ouvrir à chaque heure, il n'y a plus de forfanterie, l'âme s'élève, les sentiments s'affirment et c'est un grand soulagement que de savoir auprès de soi une main amie qui pourra reporter une dernière parole, un dernier souvenir à une mère, à une femme, à des enfants. — M. Morancé accomplit ce douloureux et consolant devoir avec toute l'énergie, toute la bonté de son cœur, et l'amiral Jauréguiberry, qui s'y connaissait bien, voulut l'en remercier publiquement; il y a quelques mois il lui serrait la main avec effusion en lui répétant qu'il était de ceux qu'on n'oublie pas. Les Mobiles le lui avaient déjà prouvé. Après la guerre, ils venaient le voir, et tous tenaient à honneur d'être mariés par lui. Il les suivait, les connaissait, et c'est grâce à lui que nos liens de confraternité s'étaient maintenus au lieu de se relâcher, comme cela arrive trop souvent.

« L'établissement de l'Aumônerie militaire le désignait naturellement comme aumônier de la garnison. Monseigneur l'appelait à ce poste, et il montrait en pleine paix les mêmes qualités et s'attirait les mêmes sympathies que devant l'ennemi.

« Un des chefs les plus distingués, les plus honorés de l'armée, M. le général Deligny, l'appréciait tout spécialement et demandait pour lui le titre d'aumônier en chef du 4ᵉ corps. Aux grandes manœuvres, il l'appelait auprès de lui et l'installait à son état-major, montrant ainsi en quelle estime il le tenait.

« La suppression de l'aumônerie de garni-

son lui fut donc particulièrement douloureuse, mais il alla courageusement là où le devoir l'appelait, à Lombron, à Arnage, à Vivoin, à Cherré ; il savait se faire apprécier et rechercher comme il l'avait été au Mans. C'était aux jeunes gens qu'il aimait à s'adresser, et tous allaient à lui, invoquant sa droiture, sa bonté. — Au moment où, suivant son désir, il s'était rapproché des siens, il a été frappé, on peut le dire, sur le champ de bataille en revenant de voir un de ses malades les plus aimés ; mais, jusqu'au dernier moment, il n'a pas oublié ses chers Mobiles : c'est en leur nom, au nom de ceux que vous appeliez vos chers enfants du Mans et de Saint-Calais, au nom de cette grande famille militaire que vous aimiez tant, que je viens, mon cher aumônier, vous dire un dernier adieu, et je répéterai, sur votre tombe, les paroles que vous prononciez, il y a quelques jours, sur celle de notre ami le marquis de Musset :
« *Transiit benefaciendo.* »

« Il y a unanimité pour louer la mémoire de l'abbé Morancé, disait le *Petit Courrier Manceau*, pour redire combien il fut brave et bon, compatissant et charitable. Par son tact, par sa cordialité et sa franchise, il avait mérité la

confiance du corps d'officiers de notre garnison et l'intimité de plusieurs des commandants en chef qui se sont succédés au 4ᵉ corps.
Mais il avait obtenu des résultats plus mer-
veilleux encore : il avait — avant la loi irréli-
gieuse portant la suppression des aumôniers
militaires en temps de paix — réussi à gagner
l'affection des soldats qui connaissaient son
cœur et respectaient sa robe religieuse.

« Qui nous racontera le bien que l'abbé
Morancé a moralement et matériellement
procuré à ses paroissiens militaires? Combien
lui ont dû d'être réconfortés par ses bonnes
paroles; combien ont aimé le régiment et se
sont pliés à la discipline, grâce à lui? »

Le cœur, c'est tout l'homme, et « c'était un
cœur d'or ». Ce mot résume toute sa vie.

Il aimait et il était aimé . « Il suffit, disait
l'*Union de la Sarthe*, de rappeler le nom de
l'abbé Morancé pour évoquer, dans toutes les
familles mancelles et sarthoises, des souvenirs ou doux ou poignants, mais toujours à
l'honneur de celui qui en est la cause. Chacun de nous, en apprenant la nouvelle de
cette mort, a senti que c'était un bienfaiteur,
un ami, un membre de la famille qu'il per-
dait.

« Il n'est plus, en effet, ce ministre de paix, si plein d'intrépidité et qui a tant aimé les choses et les hommes de guerre ; il n'est plus, ce prédicateur de la morale sévère de l'Évangile, qui savait si bien le secret de charmer ses auditeurs et les convaincre ; il n'est plus, celui dont la venue dans les baraquements de la Mission était naguère si impatiemment attendue et désirée, si respectueusement et si chaleureusement accueillie ! Au bivouac et ailleurs, il était le secrétaire des illettrés, le trésorier de ceux qui possédaient. sur les champs de bataille et dans les ambuances, il était l'infirmier vigoureux et adroit, le consolateur suprême ; partout il était le fondé de pouvoirs des familles, qui lui recommandaient leurs fils.

« Dans les infirmeries régimentaires, où les maladies sont vos géôlières, il entrait comme un bienfaisant rayon de soleil et de gaieté. Sa présence dans les chambrées déridait et rassérénait les fronts rembrunis de vingt ans, amenait le sourire sur les lèvres et provoquait ces saillies spirituelles et ces reparties gauloises dont nos pères avaient le monopole. En passant de la chambrée des soldats, dans les salons du général en chef, l'abbé Morancé n'éprouvait aucune crainte ; ne lui suffisait-il pas de rester lui-même pour être le bienvenu partout ?

« Dans le cours de sa vie, il eut une grande joie et une grande peine. Sa joie fut quand — après avoir été le médecin-major moral du 33ᵉ Mobiles, — il reçut sa nomination d'aumônier en chef ou de directeur général de la santé spirituelle du 4ᵉ corps d'armée ; c'était là le seul avancement qu'il ait peut-être ambitionné durant sa vie.

» Sa grande peine, celle, on peut l'affirmer, qui a abrégé ses jours, fut quand il lui fallut dire adieu à sa chère paroisse militaire, à ses casernes, à son corps d'armée, à ceux qu'il appelait ses compagnons d'armes. Cette loi impie qui supprimait les aumôneries militaires, devenait pour lui non-seulement une injuste révision des grades, mais presque une suppression. Ah ! ce n'est pas aux droits que lui conférait son « grade » d'aumônier qu'il tenait, c'était aux devoirs que ce titre lui imposait.

« Ce prêtre dévoué, qui n'eût point été déplacé dans les postes les plus élevés, est donc venu finir sa tâche, comme curé, dans la modeste mais religieuse paroisse de Rouillon.

Ce nouveau champ n'était pas assez étendu pour l'activité dévorante de celui à qui il était confié. Qu'importe ? Déjà il avait su s'y faire connaître, aimer et apprécier, et ses paroissiens ont réclamé sa dépouille mortelle, voulant la garder précieusement au milieu d'eux. »

Ceux-là surtout l'ont aimé et le pleurent, qui l'ont abordé de plus près et qui l'ont connu dans les relations de la vie sociale et de la vie privée. La Sainte-Écriture l'a désigné par un des traits distinctifs de son caractère, quand Elle a nommé l'homme aimable pour la société : *Vir amabilis ad societatem.*

Réunissant en lui les vertus aimables et les qualités solides qui attirent les cœurs et subjuguent les volontés, M. Charles Morancé fut de ces prêtres qui honorent le sacerdoce, le font vénérer et aimer. Il a été, comme on l'a dit, le *Prêtre modèle, l'Aumônier type,* « *un héros en soutane* ».

APPENDICE

Après lecture de notre manuscrit, Monsieur Cosnard a bien voulu nous adresser la lettre suivante, que nous tenons à *donner* ici comme complément de notre travail.

Mon cher Monsieur l'Abbé,

Vous avez bien voulu répondre à la demande que je vous ai faite de retracer la vie de M. l'abbé Morancé. Vous avez compris cette belle âme et vous avez heureusement mis en lumière cette grande et sympathique figure. Je vous en remercie, en mon nom et au nom de ses nombreux et fidèles amis.

Permettez-moi d'ajouter quelques renseignements plus intimes. J'ai eu l'honneur d'être, dans les dernières étapes de sa vie, le confident de ses joies, bien rares, hélas ! et de ses nombreux chagrins. Je l'ai constamment suivi de mon affection et souvent visité dans les paroisses qui lui étaient confiées et auxquelles il se dévouait tout entier.

Les contradictions, les calomnies, qui pourtant ne pouvaient l'atteindre, se succédaient sans relâche. Ses projets, pour le bien, ne se réalisaient pas. Mais sa grande âme était à la hauteur de tous les sacrifices. Je ne désire plus rien, disait-il, FIAT FIAT.

Ainsi que vous l'avez dit, Monsieur l'abbé, le digne aumônier n'était pas fait pour de tels combats. « On se défend mal, écrivait-il, contre le mensonge et l'hypocrisie, le combat est plus honorable sur un autre terrain... Après tant de péripéties, j'ai peur que ma résignation n'approche un peu de l'indifférence — l'indifférence ne mérite pas. »

Cependant le bon Dieu lui envoya quelques consolations ; ses vertus, sa dignité, inspiraient le respect à tous, même aux insulteurs du clergé. Il eut la consolation de faire encore du bien aux âmes, dans les divers postes où le conduisit la volonté de Dieu.

L'affection de ses amis dévoués lui fut d'un grand secours dans les derniers temps. « Si « mon pauvre cœur malade, écrivait-il, sent

« *trop vivement les peines et les injustices, il*
« *est tout grand ouvert aussi aux consolations*
« *qui me viennent de mes vrais amis.* »

Et, à son tour, il leur prodiguait tous les trésors de son âme dans leurs chagrins et leurs épreuves.

Pour vous donner, Monsieur l'abbé, un exemple de la tendresse de son cœur et des douces paroles qu'il y puisait afin de calmer les plus amères douleurs, je prends la liberté de transcrire ici quelques passages des lettres consolantes qu'il m'adressait, il y a tantôt 10 ans, après le deuil que Dieu m'a imposé pour tout le reste de ma vie.

« *Novembre* 1879. — *Qu'allez-vous devenir,*
« *bien cher Monsieur, que sera votre pauvre*
« *existence sans cette épouse incomparable*
« *dont l'esprit et le cœur s'harmonisaient si*
« *parfaitement avec votre esprit et votre cœur !*
« *Ah! c'est l'heure de répéter cette sublime pa-*
« *role :* SURSUM CORDA. *Oui, bien haut, au-*
« *dessus de cette terre dont vous allez mesurer*
« *le vide immense et que cette chère âme a*
« *quittée pour un monde meilleur.* »

Et, une autre fois, à la fête de Saint-

Charles : « *Mon digne et cher ami, je vais*
« *bien prier pour vous et pour moi notre com-*
« *mun patron ; je joindrai un souvenir du*
« *cœur à celle qui, dans ce jour, était si heu-*
« *reuse de vous offrir un bouquet des der-*
« *nières fleurs de l'automne.* »

Et plus tard, il m'écrivait à la campa-
gne : « *Cher et digne ami, je pense beau-*
« *coup à vous, je vous vois errer seul, dans*
« *ces sentiers où une voix aimée élevait votre*
« *cœur vers les plus hauts sommets. C'est une*
« *consolation austère de retrouver les souve-*
« *nirs, presque les paroles de celle que vous*
« *avez vu partir avant vous. Il y a bien des*
« *fleurs qu'elle a plus aimées, cueillez-en un*
« *bouquet et si vous n'avez pas, en ce moment,*
« *la possibilité de le déposer sur son tombeau,*
« *envoyez le à l'autel de la paroisse. L'autel*
« *est un tombeau aussi, mais qui ne garde*
« *rien de la mort et d'où sort perpétuellement*
« *la vie. Remerciez Dieu de vous avoir donné à*
« *goûter, durant de longues années, cette belle*
« *âme que vous lui avez rendue plus belle en-*
« *core. Oh, ne vous plaignez pas ! du haut du*
« *Ciel elle continue son œuvre.*

« ..... *Je vais penser beaucoup à vous dans*
« *votre solitude, où votre cœur va trouver tant*
« *de vide au milieu de tant de souvenirs...*
« *Elle vous voit, prie pour votre âme et vous*
« *suit toujours......* »

C'est à peine si le nouveau curé de Rouillon eut le temps de s'installer dans cette dernière résidence. Dieu avait résolu de le rappeler à lui. En effet, sa mission était désormais terminée, il s'était donné sans mesure et, malgré sa faible santé, il était tout disposé à reprendre encore avec dévouement, au premier appel, ses fonctions d'Aumônier militaire auprès de ses chers soldats.

Dieu l'a relevé de cette tâche et lui a épargné le triste spectacle des temps actuels.

La maladie l'a trouvé vaillant, comme de coutume ; il accepta sans effroi la mort, ne regrettant que le bien qu'il aurait voulu faire encore.

Il a trouvé son repos dans cette paroisse solitaire, auprès d'une chapelle, dans les bois, *comme il en avait émis le vœu depuis long-temps.*

Et nous qui l'avons connu, qui avons été

honorés de son affection, nous pouvons, avec bonheur, nous appliquer ces paroles de la Sainte Écriture : Beati sunt qui te viderunt et in amicitia tua honorati sunt. *Eccli. 48-11.*

Veuillez agréer, mon cher Monsieur l'abbé, l'assurance de mes sentiments les plus distingués et dévoués en **N. S.**

Ch. COSNARD.

7 février 1889, au 3ᵉ anniversaire de la mort du regretté défunt.

FIN

TABLE DES MATIÈRES

Pages.

AVANT-PROPOS . . . . V—VIII

CHAP. I.   1830. — Naissance. — L'église et le presbytère de St-Pavin-des-Champs. Le collège du Mans. — Le Petit-Séminaire. — Le Grand-Séminaire. — Chartres. — Les Conférences de Saint-Vincent-de-Paul. — Le Grand-Séminaire du Mans. — Le Sacerdoce.   1

II.   Le Professorat. — Le Vicariat. — La Cure. — La déclaration de guerre. — Les Mobiles. — L'Aumônier   8

III.   Le Mans. — Blois. — Vendôme. — Marchenoir. — Écoman. — Morée .   15

IV.   La bataille de Coulmiers.   25

V.   Du 10 Novembre au 1er Décembre. — Bricy. — Saint-Sigismond   30

Pages.

Chap. VI. Loigny. — Guillonville 37

VII. Saint-Péravy. — Coulmiers. — Cravant. — Josnes. — Lorges 45

VIII. Villorceau. — Combats autour de Beaugency. — Vendôme 57

IX. Chemin-aux-Bœufs. — Changé. — Les Arches, L'Épau. — Le Tertre-Rouge. 63

X. Pontlieue. — Le Mans. — Saint-Jean-sur-Erve. — Laval 70

XI. Andouillé. — Scorbé-Clairvaux. — La Barbinière 81

XII. Saint-Gervais-de-Vic. — Lombron . . . 92

XIII. Arnage. — Le livre : « Un Régiment de l'armée de la Loire » 103

XIV. L'Aumônerie militaire en temps de paix. — La loi du 20 Mai 1874. — La nomination de M. Morancé 113

XV. Les débuts. — Discours de prise de possession. — L'action de l'Aumônier. — L'organisation du service religieux pour les enfants de troupe 121

XVI. Les Conférences. — La Messe. — L'infirmerie. — Les Livres. — « *Un Régiment de l'armée de la Loire.* » 2e édition. — Les Cantines 130

XVII. L'église de la Mission. — La Fête-Dieu 1875. — La messe en plein air le 6 Juin 1875. — Les Sous-Officiers. — Le rapport trimestriel 137

Pages.

CHAP. XVIII. Patience. — La salle spéciale à l'infirmerie. — Les dangers de la rue. — Les réunions du soir chez l'Aumônier. — Une page sur la Foi   148

XIX. Le général Deligny. — Les grandes Manœuvres de 1876. Mgr le duc de Nemours. — Les messes militaires. — Le dîner chez le Maréchal président de la République. — L'hôpital de Verneuil. — La presse   162

XX. Le retour au Mans. — Impressions — Une première communion. — La chapelle. — Un enfant perdu retrouvé. — Le drapeau. — La patrie. L'armée. — Le départ d'une classe.   176

XXI. Situation politique. — Le budget de la guerre. — La loi de finances du 30 Décembre 1876. — Le traitement des Aumôniers militaires — Une lettre du général Deligny. — Générosité des Officiers de la garnison du Mans. — Rapport trimestriel. . . .   190

XXII. Les influences de la vertu. — Un dîner chez MM. les Maréchaux des logis chefs du 26e. — Henri Villain de la Comédie Française. — La 3e édition du livre : « Un Régiment de l'armée de la Loire. » — Il aimait les soldats.   204

XXIII. Le carmel. — La vierge cloîtrée. — Les grandes Manœuvres de 1878. Tristes pressentiments. — Le monument de Courcebœufs. — La Sainte-Barbe 4 Décembre 1878)   219

Pages

CHAP. XXIV. La situation. — Vivoin. — La loi du
8 Juin 1880 et ses conséquences. —
« Journal d'un Aumônier de garnison en temps de paix. » — Épreuve
et résignation. — Consolation. — Sa
famille. — Les amis 233

XXV. Cherré. — Rouillon. — La mort. —
Les Funérailles.. 251

APPENDICE. Lettre de M. Charles Cosnard, avocat
au Mans. 267

FIN DE LA TABLE

Le Mans. — Imp. Leguicheux et Cie.

www.ingramcontent.com/pod-product-compliance
Lightning Source LLC
LaVergne TN
LVHW010944180726
843502LV00004B/1066